Adiós, Cataluña: Las reglas del juego

62 puntos para que Cataluña se independice

Español Cabreado

Nada en el mundo es más peligroso que la ignorancia sincera y la estupidez concienzuda.

Martin Luther King

Índice

1. Qué es este libro

Este libro no pretende posicionarse a favor o en contra de la independencia de Cataluña, aunque como español (no catalán) esté a favor de que se marchen de una vez y nos dejen en paz, a pesar de los perjuicios que nos causará. Mejor la cirugía que una gangrena.

Lo que pretende este libro es establecer las reglas del juego y clarificar lo que va a ocurrir y deberá ser la posición de España en caso de una independencia —incluso pactada— por parte de Cataluña, desmintiendo así las muchas mentiras que están lanzando los nacionalistas para promover su causa.

Una de las cosas que más me repatea de los nacionalistas es que o mienten descaradamente o que lo dejan todo en humo: "Ya se verá" o "Habrá un acuerdo político" son respuestas que se oyen todos los días para ignorar o negar los posibles inconvenientes de la secesión. ¿Y si no hay acuerdo? ¿Vas a saltar por la ventana si no hay un colchón debajo? ¿O "ya verás" después de saltar? Este libro pone hechos sobre la mesa. Nada de "ya se verá" o "ya se acordará". Hechos, y justificados. Se pueden discutir si quiere, pero con argumentos sólidos, no con palabras vacías.

Asimismo, hay que dejar claro cuál es la realidad, y no lo que algún periódico ha calificado de *"cuentas de la lechera"*.[1] Porque, según han denunciado economistas de prestigio *"algunos economistas partidarios de la independencia están jugando sucio, presentando escenarios inverosímiles que minimizan los costes de la independencia"*.[2,3] Aquí se dan cifras económicas, con sus respectivas fuentes, unos supuestos y la explicación de esos supuestos, para que el lector lo compruebe por sí mismo. Y no sale precisamente que "el día después" los catalanes vayan a atar los perros con longanizas. Pero allá ellos.

---

[1] http://elpais.com/elpais/2012/09/20/opinion/1348156114_428389.html

[2] http://www.cronicaglobal.com/es/notices/2014/04/-algunos-economistas-estan-jugando-sucio-presentando-escenarios-inverosimiles-que-minimizan-los-cos-6435.php

[3] http://www.revistadelibros.com/discusion/los-costes-de-la-separacion-de-cataluna

Establezcamos claramente las reglas, y después podremos hablar de si es o no cierto que los catalanes quieren o no independizarse. Una vez acordadas esas reglas, ya se puede hablar de forma civilizada, de forma parecida a cuando se quiso independizar Quebec del Canadá y como han propuesto algunos que se haga.[4]

Si a alguien —especialmente a un nacionalista catalán— no le gustan estos hechos y estas posturas, pues tanto peor para él. Respeto las opiniones de todos, incluyendo las de los separatistas (cosa que ellos obviamente no hacen), pero los hechos son los hechos.

Todos los puntos aquí escritos están debidamente contrastados, y he intentado poner referencias fácilmente accesibles en Internet en la medida de lo posible para quien quiera acceder a ellas (nada de textos que no son accesibles al público en general).

Algunas de las posiciones de España que describo son obviamente suposiciones, pero es altamente probable que así se tomen debido al traumatismo que supondrá para el país una secesión de parte de su territorio, amén de los perjuicios económicos que supondrían para el conjunto de los españoles. Cualquier gobierno que intentase emprender un curso diferente se toparía con una opinión pública radicalmente hostil.

Vaya por delante que no he intentado listar los perjuicios para España (que son muchos) por el hecho el que Cataluña se independice, sino sólo las reglas del juego para llegar a la secesión y las relaciones entre los dos países si esta se realiza. Los perjuicios individuales para España y Cataluña los listaré probablemente en un próximo libro.

---

[4] http://www.diariodecadiz.es/article/opinion/1373610/lecciones/canadienses.html

2. Secesión sólo dentro de la legalidad

Si hay algo que caracteriza a los nacionalistas catalanes, es que la legalidad les importa un pimiento. Ello, por supuesto, implica que en el caso de secesión de Cataluña ésta probablemente termine siendo una dictadura. Después de todo, no puede haber democracia sin respeto a las leyes, y los nacionalistas han demostrado –una y otra vez– que las leyes sólo las respetan cuando les conviene.

Pero España es una democracia, por mucho que les jorobe a esos fanáticos. Eso significa que las leyes deben respetarse, y cualquier proceso de secesión sólo puede hacerse dentro de la legalidad vigente. Porque, por mucho que quieran negarlo los nacionalistas, la única legitimidad que tiene Cataluña y la Generalitat, es la Constitución española, que es la que ofrece el marco de autogobierno del que ha gozado Cataluña durante casi cuarenta años, desde la llegada de la democracia.

Ahora bien, la Constitución española en su artículo 1 dice que *"La soberanía nacional reside en el pueblo español, del que emanan los poderes del Estado."* y en el 2 declara *"La Constitución se fundamenta en la indisoluble unidad de la Nación española, patria común e indivisible de todos los españoles, y reconoce y garantiza el derecho a la autonomía de las nacionalidades y regiones que la integran y la solidaridad entre todas ellas."* [5]

Es decir, al día de hoy no es posible la secesión tal y como pretenden los nacionalistas, con una consulta popular dentro de Cataluña. Por mucho que les fastidie, la soberanía de España —incluyendo por supuesto Cataluña— reside en todo el pueblo español, y por lo tanto conforme a la legalidad vigente una parte de los españoles no pueden decidir por el todo. Por otra parte, la nación española es indivisible, por lo que la secesión no es legal. Así lo han dicho las Cortes, así lo ha dicho el Tribunal Constitucional, y así lo dice la legalidad vigente. Los únicos que no lo aceptan son los nacionalistas, que como ya he dicho sólo respetan las leyes cuando les conviene

---

[5] http://noticias.juridicas.com/base_datos/Admin/constitucion.tp.html#a1

Las leyes, tanto si gustan como si no, deben cumplirse. Eso es la democracia. Si las leyes no gustan, se pueden cambiar, y para eso hay unos cauces democráticos. Cualquier intento de saltarse esos cauces democráticos es propio de una dictadura. Y por el comportamiento de los nacionalistas ya sabemos que son muy poco democráticos, por mucho que se les llene la boca de que su "derecho a decidir" es democrático y por lo tanto hay que votar. Sólo será democrático si se hace conforme a la ley, no convocando una consulta que es al día de hoy ilegal.

Recordemos el caso de Quebec, que en su día también pretendió separarse del Canadá. Hay un artículo muy lúcido sobre el derecho de secesión y sus límites, usando el ejemplo de Quebec[6], y lo primero que llama a atención es que en todo momento dicha secesión se planteó desde la legalidad.

¿Cómo se podría legalizar una secesión? La máxima ley en nuestro país es la Constitución, y ésta prohíbe la secesión. Ello, por lo tanto, significa que habría que cambiar la Constitución. No es una vaca sagrada, se puede modificar, e incluso incluye los cauces necesarios para poder hacerlo. Sin ir más lejos, los artículos 87.2 y 166 establecen que si la Asamblea Legislativa de una Comunidad Autónoma, que tiene reconocida por la Constitución la iniciativa de reforma constitucional, formulase una propuesta en tal sentido, el Parlamento español deberá entrar a considerarla[7], y esto lo recordó el Tribunal Constitucional en su sentencia del 28 de marzo de 2014 que tan mal les sentó a los nacionalistas. Es decir, que el propio parlamento catalán podría solicitar esa reforma.

Si los partidos catalanistas quieren entonces la dependencia, lo lógico es que pidan un cambio constitucional. Pero claro, es mucho más fácil saltarse la ley, soliviantar a las masas, tomar las calles y pretender subvertir el orden establecido. Malos presagios para la legalidad y la posible democracia en una Cataluña independiente. Y luego se quejan de que les llamen "nazis", que, recordemos, viene de

---

[6] http://hayderecho.com/2012/09/14/el-derecho-de-secesion-y-sus-limites-el-ejemplo-canadiense/

[7] http://noticias.juridicas.com/base_datos/Admin/constitucion.t3.html#a87

la palabra "nacionalsocialista". Hitler también utilizó tácticas parecidas para llegar al poder. Y todos sabemos qué ocurrió después.

Si los nacionalistas no han intentado un cambio constitucional —ni siquiera lo han planteado— es porque quizás teman que al clarificarse claramente las ventajas e inconvenientes los ciudadanos que ahora les respaldan quizás les den la espalda, como ocurrió en Quebec y posteriormente en Escocia. Por no hablar, tal y como se describe en el próximo capítulo, que cambiar la Constitución puede abrir una lata de gusanos que quizás hunda definitivamente sus ansias separatistas e incluso autonómicas.

Dado el importante cambio que se necesitaría realizar en la Constitución para permitir la secesión (cambio del Título I), se aplicaría conforme a la propia Constitución el artículo 168, que es el que regula este tipo de modificaciones de la Carta Magna.[8] Este artículo exige que el cambio constitucional sea aprobado por una mayoría de dos tercios de ambas cámaras, una disolución inmediata de las Cortes, elecciones generales, ratificación por la nuevas Cámaras de la reforma aprobada por las anteriores (también con mayorías de dos tercios), y un referéndum nacional para su ratificación. Ni más ni menos. No basta un "calentón" y la manipulación de las masas con medios subvencionados para hacer un referéndum trucado y así dividir el país.

Por otra parte, lo que no cuentan los independentistas es que un intento de secesión unilateral no sería aceptado por la comunidad internacional y no se les reconocería necesariamente como un estado.[9] De hecho un diario alemán tan prestigioso como el "Handlesblatt" ha tachado esta supuesta secesión como un intento de "golpe de estado".[10]

---

[8] http://noticias.juridicas.com/base_datos/Admin/constitucion.t10.html#a168

[9] http://politica.elpais.com/politica/2013/09/30/actualidad/1380566774_696773.html

[10] http://www.abc.es/catalunya/politica/20150814/abci-diario-aleman-trata-golpista-201508141322.html

3. Si hay que cambiar la Constitución, no todo serán ventajas

Tal y como se ha explicado en el capítulo anterior, la Constitución exige en su artículo 168 una mayoría de dos tercios de ambas Cámaras (por dos veces). Obtener esas mayorías no está al alcance de los nacionalistas, y es por eso que no han intentado siquiera un cambio constitucional. Porque para conseguir esas mayorías no bastaría con el chantaje al que nos tienen acostumbrados. Tendrían que convencer a los dos partidos mayoritarios para que apoyasen el cambio, y después a todos los españoles que tendrían que aprobar dicha reforma en referéndum.

Ahora bien, ¿vamos a limitar el cambio de la Constitución a la simple supresión de los artículos 1 y 2, como quieren los nacionalistas? Pues yo digo que no. No veo por qué los españoles nos tenemos que limitar a ceder –una vez más– a las exigencias (cuando no chantaje) de los que quieren destruir el país. Creo que esta será también la posición de la mayoría de los españoles, y por supuesto de los partidos mayoritarios.

Aparte de algunos cambios constitucionales pendientes que ya se han planteado –como eliminar la ley sálica (primacía del varón) en la sucesión de la Corona–, habría que hay que replantarse el Estado de las Autonomías en su forma actual. La Constitución en su día se creó como un gran pacto que fue votado masivamente por los españoles, incluyendo una aplastante mayoría en Cataluña (**¡un 91%, mayor que en Madrid!),** mucho mayor que la que votó al Estatuto (el 73,9% de los votos a favor, con una participación del 48,9% o, lo que es lo mismo, el 31,1% del censo).

La Constitución hizo grandes concesiones a los autonomistas, bajo el supuesto que con estas concesiones se satisfacerían unas ansiedades locales dentro del respeto y lealtad constitucional. Lo malo es que los nacionalistas utilizaron esas ventajas exclusivamente para atacar ese pacto. La lealtad y respeto constitucional han sido claramente pisoteadas por unos nacionalismos radicales que no respetan nada, ni siquiera la ley.

No se trata necesariamente de volver a un sistema centralista, como hay en muchos países democráticos, pero sí de poner límites a un sistema autonómico que está claramente desmadrado y que sólo ha servido para causar unos enormes gastos y una deslealtad enorme por los que jamás se darán satisfechos por nada que no sea la independencia pura y dura.

En ese sentido, algunas ideas que se me ocurren:

- Modificar el artículo 11.2, para que convertirse en ciudadano de un estado segregado de España signifique la pérdida automática de la nacionalidad española por su propia negación a ser español, amén de prohibir constitucionalmente la doble nacionalidad con esos estados.

- Acabar con las excepciones históricas. En particular, estoy pensando en los privilegios fiscales del País Vasco y Navarra. Tabla rasa. Café para todos. Nada de privilegios para nadie. Obviamente esto pondrá a los nacionalistas (no sólo a los catalanes) de uñas, pero esto es lo que hay. Ningún español debe ser más (o menos) por vivir en ningún lugar de España.

- Límite al gasto de las autonomías y financiación estable. Creo que la mejor manera sería que no reciban absolutamente nada del estado central, sino que se financien exclusivamente de impuestos propios, al igual que lo hacen por ejemplo los estados norteamericanos. Así los ciudadanos sabrán exactamente cuánto les cuesta su autonomía y podrán poner firmes a sus políticos locales que tanto derrochan.

- Limitación del tamaño de los parlamentos locales. No tiene sentido que tengamos diecisiete parlamentos enormes.

- Clarificación de las áreas de competencia locales. En estos momentos hay una problemática de circulación de bienes debido a una miríada de normas autonómicas que impiden el mercado único, violando las leyes comunitarias.

- Aprobación por parte del Gobierno de los presupuestos autonómicos. Al día de hoy nuestros presupuestos nacionales están sujetos al visto bueno de la Unión Europea, lo lógico es que exista ese mismo visto bueno a nivel nacional de los presupuestos regionales, y más cuando recurren al Fondo de Liquidez Autonómico (FLA).

- **Supremacía de las leyes estatales sobre las autonómicas.** Que quede bien claro que cuando haya una ley estatal y una autonómica, prevalecerá <u>siempre</u> la estatal. Lo contrario no es lógico.

- **No delegación de las competencias estatales.** Esto es probablemente lo que más ampollas levantará entre los nacionalistas, acostumbrados a pedir más y más, hasta dejar a la administración central vacía de competencias. Bueno, pues es obvio que hay que poner coto a esto. Si la Constitución dice que algo es de competencia estatal, no debe poder transferirse, ni siquiera delegarse o administrarse por parte de una autonomía.

- **Justicia única a nivel estatal.** La administración de la justicia por parte de las autonomías lo único que ha conseguido es crear jueces o fiscales afines que miran para otro lado cuando ocurren casos de corrupción locales o que descaradamente apoyan los proyectos nacionalistas. Además han conseguido cotos cerrados, donde es prácticamente imposible que un juez de otra provincia vaya por ejemplo a un juzgado de Cataluña. Hemos visto casos tan escandalosos como que el idioma local prime más que décadas de experiencia. Ello refuerza le endogamia, la influencia política en la justicia y la corrupción, y por lo tanto la dependencia de los jueces locales de la autonomía local.

- **La enseñanza debe ser competencia exclusiva del estado.** Viendo cómo los nacionalistas han estado indoctrinando en las escuelas públicas sus desvaríos independentistas, incluyendo la falsificación geográfica e histórica, creo que es bastante lógico. Eso debe acabar; los nacionalistas han demostrado ya suficientemente que sólo quieren la educación para su "construcción nacional", es decir, para crear fanáticos como ellos.

- La lengua española debe protegerse constitucionalmente contra los abusos nacionalistas. Incluyendo una protección penal contra cualquier funcionario autonómico o estatal que se niegue a atender a un español en su propia lengua (nacional o regional, lo mismo da).

- Los referendos de independencia deben realizarse entre **todos** los españoles. Dado que afecta a todo el país, no es lógico que unos puedan decidir por su cuenta, causándole perjuicios al resto del país. Dado que la soberanía de país reside en el pueblo español –y no veo por qué habría que cambiarse eso en la Constitución– es lógico que sean llamados a votar todos los españoles –salga lo que salga, todo el país se verá afectado.

- Restricciones al número de veces que se puede hacer un referéndum de independencia. Obviamente los nacionalistas querrán repetir si fracasan en su referéndum. Posiblemente cada seis meses, hasta tener éxito. Pero un país no puede estar permanentemente con la amenaza de disolución. Si un referéndum de secesión fracasa, la Constitución debe claramente indicar que no podrá repetirse hasta pasado un buen número de años, de forma que no se pueda jugar con ese tema a la ligera. Propongo un mínimo de 25 años.

Obviamente nada de esto les va a gustar a los nacionalistas, que quieren imponer sus ideas por encima de todo. Pero lo que no pueden esperar es que los españoles "traguemos" con sus exigencias sin dar ellos nada a cambio. Basta de chantajes.

Y si después de reformarse la constitución y celebrarse el referéndum sale que los catalanes no se quieren independizar, que apechuguen con la reducción de competencias de su autonomía. Eso es lo que pasa con el chantaje: que puede terminar mal. Pues que soporten las consecuencias de la actitud irresponsable de sus políticos.

4. Una pregunta única y clara.

Debe haber una única pregunta, y no sujeta a interpretaciones. Algo así como *"¿Quiere que Cataluña se independice de España con todas las consecuencias?"*. Nada de fórmulas esotéricas donde cada uno entienda lo que quiere entender. Claro como el agua.

Y por supuesto, nada de preguntas tramposas encadenadas, como las dos actuales, donde a la segunda sólo pueden contestar los que han votado a favor de la primera. Como resalta Xavier Vidal-Folch en El País,[11] *"con la mitad rasa (más un voto) de síes al Estado propio, y la mitad rasa de 'síes' a la independencia (más un voto), un 25% de los votantes (más dos papeletas) se proclamaría la secesión. Y si participase la mitad rasa del censo (más uno), bastaría con un 12,5% (más tres votos) del electorado para tal objetivo."*

La mera posibilidad de que pudiese ocurrir esto demuestra lo profundamente antidemocrática que es esta consulta. La democracia no admite ese tipo de chanchullos nacionalistas.

Incluso Stéphane Dion, diputado del Partido Liberal canadiense, considera que una pregunta como la propuesta por la Generalitat sería rechazada por los independentistas quebequeses, que la verían como *"un intento de manipulación"*.[12]

---

[11] http://politica.elpais.com/politica/2014/09/27/actualidad/1411813124_921402.html

[12] http://politica.elpais.com/politica/2013/12/22/actualidad/1387740195_138860.html

5. La votación se hará con el censo oficial y con un mínimo de participación.

Los nacionalistas han intentado crear un censo "sui géneris" para votar una "consulta" que era un referéndum disfrazado. Con aberraciones como por ejemplo que podían votar los extranjeros afincados en Cataluña y los catalanes afincados en el extranjero, pero no los catalanes afincados en el resto de España, y además sin establecer un mínimo de participación.

Fíjense si esto es antidemocrático que con esas condiciones sería perfectamente posible que no votase ni un solo catalán, y **dos votos más un 25% de unos pocos miles de extranjeros podrían decidir por su cuenta la independencia de Cataluña.** Si sólo votasen cien personas, la independencia sería posible con tan sólo 26 votos (incluso extranjeros). No es probable que ocurriese, pero la posibilidad existe con esas reglas. Hasta una de las personas nominadas para la "comisión de control" del dichoso referéndum dimitió por considerar que era una estafa al ciudadano y lo poco democrático que sería el voto. *"Si viniera un ciudadano a Cataluña, creería que es Guinea"* sentenció en una entrevista.[13]

Lo suyo es que se vote con el censo oficial —una vez modificada la Constitución— y se establezca una participación mínima para asegurarse la representatividad de dicho voto. Hasta en los dos referéndums de Quebec se exigió "una mayoría clara" (el 66%), descartándose incluso por los independentistas que se pudiera aprobar la independencia por un solo voto.

Y por supuesto deberán votar todos los españoles, puesto que la decisión afectará a todo el país, no sólo a Cataluña.

---

[13] http://ccaa.elpais.com/ccaa/2014/10/07/catalunya/1412709408_905984.html

6. La votación se hará con todas las consecuencias – si sale "sí" en España, Cataluña estará fuera, incluso si allí sale el "no".

Seamos claros: Es improbable, pero podría ocurrir que en Cataluña saliese el "no" a la independencia, pero una mayoría de los españoles votásemos que "sí". Aplicando la mayoría democrática, Cataluña sería en ese caso independiente, aún en el caso de que los catalanes hubiesen votado en contra de esa independencia. Mala suerte.

Lo contrario sería ilógico, puesto que la votación que exige que decida el pueblo español como un todo no puede estar sometida a lo que quiera una parte de él –tanto si sale "sí" como si sale "no", es la mayoría a nivel de España la que toma la última decisión, independientemente de cuál sea el resultado local. De la misma manera que Cataluña no puede decidir por sí sola separarse de España, no puede decidir quedarse en contra de la opinión de todos los españoles.

Si los catalanes son expulsados y quieren volver, véase el capítulo 9.

7. El voto será una sola vez

Es posible que el resultado de la votación no guste, pero no se podrá repetir. Por ejemplo, si el resultado sale negativo, no se puede pedir que la votación se repita al cabo de un año, o de dos, o cuando les convenga a los nacionalistas. Debe establecerse un periodo mínimo antes de poder volver a solicitar otra votación, por ejemplo, 25 o 30 años. Para que ninguno de los involucrados pueda volver a las andadas. Un país necesita estabilidad, no una amenaza permanente.

8. Si una parte de Cataluña no quiere ser independiente, puede solicitar permanecer en España y no participar en el proceso de secesión

Aquí hay que ser consecuentes: Si Cataluña tiene el "derecho" de secesión en base a un supuesto "derecho a decidir", no puede negar ese mismo "derecho" a una de sus partes. Por ejemplo, si Barcelona, Tarragona o el Valle de Aran no quisieran seguir al resto de Cataluña en esta aventura, se debería aplicar el mismo "derecho a decidir" dentro de Cataluña que dentro de España, por exactamente las misma razones que defienden los nacionalistas. ¿A que jode? Pues van a ver cómo los nacionalistas intentarán aplicar un doble rasero.

Sin embargo, esto no es nada ilógico. En el referéndum que se planteó en Canadá para la secesión de Quebec, una de las cuestiones que se acordaron era que si era necesario se redefinirían las fronteras. Concretamente, se estableció que *"si una parte de la población del territorio en cuestión solicitara claramente seguir formando parte del Estado, deberá contemplarse la divisibilidad de dicho territorio con el mismo espíritu de apertura que llevó a aceptar la divisibilidad del territorio canadiense."* Vamos, que si una parte de Quebec no quería seguir al resto —o una parte de Canadá quisiera unirse al nuevo Quebec independiente— tendría la opción de quedarse en el lado que quisiera. Sentido común puro y mucho más democrático que el "trágala" nacionalista que quiere arrastrar a ciudadanos que quizás no se quieran embarcar en una loca aventura.

Y es que la mayor ficción a la que se aferran los independentistas es que son los "territorios" los que tienen derechos, obviando que los únicos que tienen derechos son las personas. Ese tic totalitario que niega los derechos de las personas a favor de las de los colectivos o los territorios ha sido muy característico en la mayoría de las dictaduras.

9. Si Cataluña se va, no podrá volver en las mismas condiciones

Veamos primero cómo podría ser –desde el punto de vista legal– una eventual reincorporación de Cataluña a España, en caso de que la aventura les saliese mal o hubiesen votado "no" a la independencia y España en su conjunto hubiese votado que "sí".

En primer lugar, el estado catalán debería primero consultar a su propia población. Suponiendo que la población catalana lo aprobase, tendría que solicitar formalmente su incorporación a España. Esta solicitud debería ser debatida en primer lugar en las Cortes, y luego sometida a referéndum dentro de España (en el cual obviamente los catalanes no tendrían voto, puesto que no serían españoles). Suponiendo que el voto fuese afirmativo (lo que es mucho suponer, después de una secesión tan traumática y de los enfrentamientos que habría causado), habría que acordar las condiciones de ingreso.

Y aquí Cataluña se encontraría con un tremendo escollo: No puede generarse un conflicto de este calibre con el resto de España y, si la cosa sale mal, volver como si tal cosa. En el mejor de los casos, Cataluña se mantendría como autonomía, pero desde luego con muchísima menos autonomía que la que tiene ahora. ¿Por qué? Aparte de que los españoles estamos hartos de los privilegios actuales de la autonomía catalana, habría que asegurarse de que no volverían a generar un conflicto de ese calibre.

En el peor de los casos, podría que ni siquiera hubiese autonomía catalana. El revulsivo de la secesión podría hacer que para cuando volviese Cataluña, España ya no tuviese autonomías y hubiese vuelto a ser un estado centralista como es por ejemplo Francia. De cualquier forma, los españoles no aceptarían que volviese "tal cual". Cualquier intento de volver al "status quo" haría que los españoles rechazasen su regreso, y sería un suicidio electoral para cualquier partido político español que defendiese esa opción.

Pero eso son especulaciones. Lo más probable es que esa independencia sería irrevocable y los españoles no aceptasen el regreso catalán a la nación española después de los muchos perjuicios que causaría y teniendo encima que asumir el rescate financiero de esa loca aventura.

10. España dejará de garantizar la deuda catalana con efecto inmediato

Según informaba La Vanguardia[14] en marzo de 2014, Cataluña al día de hoy se sitúa a la cabeza de España en deuda propia. De acuerdo con los informes del Banco de España[15], Cataluña tiene 59.729 millones de deuda en el primer trimestre de 2014, un 27% del total de la deuda autonómica y un 31% de su producto interior bruto[16]. Eso es un lastre para la economía española, puesto que en última instancia cuenta como deuda del país, y obviamente cuenta de cara al límite de endeudamiento que nos impone la Unión Europea.

Esta deuda se ha duplicado en los últimos cinco años[17], y no tiene visos de dejar de crecer, dado que los nacionalistas están gastando el dinero alegremente en múltiples subvenciones a todos los que contribuyen a su delirante proyecto en vez de invertir ese dinero de forma productiva.

Las entidades locales catalanas (ayuntamientos) debían a finales de 2013 nada menos que 5.188 millones de euros. Es decir, el total de deuda puramente catalana es de unos 65.000 millones de euros, un 33% de su producto interior bruto. Si España deja de garantizar la deuda catalana, ya no le será imputable, y la deuda total española bajará en 65.000 euros, mejorando nuestro ranking crediticio.

¿Mejorará el ranking crediticio catalán? Lo más probable es que no: Al día de hoy, la calificación de los bonos catalanes es BBB- por parte de Fitch, Ba3 por parte de Moody's y BB- por parte de Standard & Poor.[18] Teniendo en cuenta que "BB" es la calificación más cercana al "bono basura", las perspectivas no son muy

---

[14] http://www.lavanguardia.com/economia/20140314/54403082269/cataluna-a-la-cabeza-de-espana-en-deuda-con-57-146-millones-un-11-2-mas.html

[15] http://www.bde.es/webbde/es/estadis/infoest/a1309.pdf

[16] http://www.bde.es/webbde/es/estadis/infoest/a1310.pdf

[17] http://www.datosmacro.com/deuda/espana-comunidades-autonomas/cataluna

[18] http://www.tucapital.es/bancos/rating-comunidades-espana/

halagüeñas para una Cataluña independiente, puesto que la calificación de España como país es mucho mejor, nada menos que dos escalones.[19] Y ojo, que esta calificación de "casi bono basura" para la deuda catalana no es de ahora, sino que se viene arrastrando desde 2012[20].

En el momento que España deje de garantizar esos bonos, ¿qué tipos de interés tendrán que pagar los catalanes para financiarse? Recordemos que Fitch ya ha anunciado que bajará la calificación al menos dos escalones en caso de independencia de Cataluña.[21] La agencia explicó que Cataluña no está ahora en bono basura *"por el apoyo del Gobierno central a las comunidades autónomas a través de distintos instrumentos, incluyendo el acceso al Fondo de Liquidez Autonómica (FLA)".*[22] Vamos, que en el momento que España no los respalde, los bonos catalanes serán considerados menos que basura y se considerarán los de un país en bancarrota.

Para entender lo que esto significa, recordemos que Grecia, antes del rescate, estaba pagando unos intereses del 18% cuando el resto de Europa pagaba un 2-3%. Incluso hoy día —sin independencia— los bonos catalanes garantizados por España pagan el doble de intereses que la deuda española. ¿Alguien imagina cuánto tendrán que pagar cuando España se desentienda? Bueno, tendrán que apechugar con ello. Como dice Arthur Mas, *"es el precio de la libertad".*[23] Si están dispuestos a pagarlo, allá ellos.

Por cierto, tengamos también en cuenta que España es uno de los principales acreedores de Cataluña. Ya en 2013, era el propietario del 34% de la deuda catalana,[24] pero en 2015 poseía el 50,31% de la

---

19 http://www.elconfidencial.com/mercados/inversion/2014-09-30/los-inversores-empiezan-a-vender-deuda-espanola-y-catalana-por-miedo-al-9-n_219374/

20 http://www.expansion.com/2012/08/31/economia/1346429512.html

21 http://www.abc.es/economia/20140929/abci-fitch-cataluna-deuda-201409292120.html

22 http://www.elmundo.es/economia/2014/09/29/5429b0a3268e3eee6b8b457d.html

23 http://www.abc.es/espana/20140906/abci-precio-libertad-201409052206.html

24 http://www.elconfidencial.com/espana/cataluna/2013-07-30/el-tesoro-tendra-el-34-de-la-deuda-de-la-generalitat-en-plena-deriva-soberanista_13936/#

deuda de la Generalitat, nada menos que la friolera de 32.661 millones de euros de un total de 64.792 millones. Aparte de que sería políticamente muy impopular, es muy poco probable que España esté dispuesta a incrementar su posible riesgo ante esa deuda, por lo que el Estado español no seguirá comprando bonos catalanes, aumentando así las dificultades de colocación, con la consiguiente subida de intereses.

Podría darse el caso que Cataluña decidiese no pagar a España la deuda de esos bonos, tal y como ha comenzado a insinuar Arthur Mas.[25] Ahora bien, aparte de que esto haría que España se convirtiese automáticamente en un país hostil, esto significaría automáticamente para la comunidad internacional que o bien el nuevo país no está dispuesto a cumplir con sus compromisos financieros o que está en quiebra pura y dura, y en ambos casos la financiación exterior se hará sencillamente imposible.

---

[25] http://vozpopuli.com/actualidad/66613-mas-exigira-al-estado-que-asuma-32-000-millones-de-la-deuda-catalana-para-ser-independiente

11. Cataluña debe asumir la parte que le corresponde de la deuda española

La deuda española se ha generado por el conjunto de la nación, para pagar gastos comunes e infraestructuras en todo el país, incluyendo Cataluña. Es por lo tanto lógico que la nueva nación se haga cargo de la parte que le correspondería.

Supongamos que se llega a un acuerdo de la deuda española. Hay tres posibles criterios que se pueden utilizar: Por superficie del territorio, por PIB o por población.

La superficie de España es de 505.992 km², la de Cataluña de 32.114 km². Es decir, que Cataluña supone el 6,3% de la superficie española. No obstante, los presupuestos del Estado no se distribuyen en base a la superficie, sino en base a la población y el PIB. De hecho, los nacionalistas catalanes vienen clamando años para que las inversiones en Cataluña se hagan en base a su PIB. No pueden por lo tanto exigir un criterio diferente a la hora de considerar la deuda.

A finales de 2013, el PIB de España era de 1.022.988 millones de euros, el de Cataluña era de 192.545 millones de euros[26] (un 18,8%). Dado que la deuda española es de 1.007.319 millones de euros[27] (101% del PIB), en este caso la nueva nación debería asumir 189.376 millones de euros, lo que elevaría su deuda total (incluyendo la local) a 254.376 millones de euros, un 132% del PIB catalán.

La población española en 2013 era de 47.129.783, la catalana 7.553.650 (un 16%), Si usamos el criterio de población, Cataluña debería asumir una deuda de 163.678 millones de euros, lo que elevaría su deuda total (incluyendo la local) a 228.678 millones de euros, un 119% del PIB catalán.

Es decir, que el nuevo país nacería con una deuda mínima entre el 119% y el 132% del PIB. Lo lógico, dado que los nacionalistas

---

[26] http://www.datosmacro.com/pib/espana-comunidades-autonomas

[27] http://www.datosmacro.com/deuda/espana

siempre han insistido que el criterio de financiación autonómica fuese el PIB y no la población, es que se aplicase el criterio de PIB, y tanto peor si ello perjudica a los catalanes. En cualquier caso, esa deuda será un pesado lastre para una nueva nación...

Algunos estudios cifran esa deuda de la nueva nación incluso en 270.000 y hasta 290.000 millones de euros (un 135% y un 145% del PIB respectivamente)[28,29] y no pocos se preguntan cómo sería capaz Cataluña de pagar una deuda de ese calibre si al día de hoy es incluso incapaz de pagar la deuda autonómica sin la ayuda estatal.

En cambio, en el caso de España, el país quedaría con un PIB de 830.443 millones de euros. Deduciendo la parte que asumiría Cataluña, así como la deuda autonómica y local catalana, la deuda española quedaría en un 90,7% del PIB. Es decir, bajaría más de diez puntos, lo que es una buena noticia para el contribuyente español.

Eso sí, al asumir Cataluña su parte de la deuda, todas las infraestructuras de titularidad estatal pasarían a ser propiedad del nuevo país (ver capítulo 13).

---

[28]   http://www.elmundo.es/espana/2014/08/10/53e67401e2704ebe0d8b4590.html

[29]   http://www.abc.es/espana/20141001/abci-cataluna-deuda-independencia-201410011058.html

12. Si Cataluña no asume su parte de la deuda, España vetará su acceso a los organismos internacionales hasta que lo haga e impedirá sus importaciones

Ahora bien, ¿qué ocurriría si Cataluña se negase a asumir su parte de la deuda española? Tengamos en cuenta que algunos nacionalistas ya han amenazado con hacerlo.[30,31]

Si una Cataluña independiente se negase a asumir su parte de la deuda, obviamente esto sería un gesto realmente hostil que envenenaría las relaciones entre los dos países de forma definitiva. Tengamos en cuenta que ello supondría que la deuda española se dispararía hasta el 122% de su nuevo PIB. En ese caso, lo lógico es que España respondiese de forma claramente agresiva, haciendo lo imposible para hundir al nuevo estado catalán. Los ciudadanos no permitirían ninguna otra opción, y cualquier partido que intentase el acercamiento a Cataluña se suicidaría electoralmente.

De entrada, España podría reclamar la propiedad de todos los bienes de titularidad estatal (edificios, puertos, aeropuertos, ferrocarriles, carreteras…), y denegar su uso al país independiente. Su confiscación o expropiación por parte de Cataluña sería visto como otro gesto hostil y además una pésima señal para la comunidad financiera internacional, que ya de por sí se tomaría muy a mal que Cataluña no cumpliese con sus compromisos.

España, además, podría denunciar a Cataluña como moroso en todos los foros internacionales, y exigir el embargo de todas sus propiedades en otros países, conforme a la legislación internacional. La suspensión de pagos catalana obviamente terminaría por hundir el acceso a los mercados financieros por parte de esa nación.

En un ambiente de tal hostilidad (recordemos que los españoles tendrían que pagar con sus impuestos lo que los catalanes no

---

[30] http://politica.e-noticies.es/cataluna-no-deberia-pagar-la-deuda-con-espana-88670.html

[31] http://ccaa.elpais.com/ccaa/2014/10/31/catalunya/1414789028_571684.html

quisieran asumir) y tan enorme perjuicio para España, lo lógico es que ésta se dedicase sistemáticamente a sabotear cualquier acceso de Cataluña a los foros internacionales, y su diplomacia se encargaría de impedir cualquier intento de acercamiento con países amigos de España, amén de vetar su ingreso en cualquier organización internacional (ONU, IMF, UE, etc.) en la que participe. Si Israel ha logrado impedir durante décadas el reconocimiento de Palestina en la ONU, España podría hacer otro tanto. Y sin reconocimiento internacional, las exportaciones catalanas se hundirían, sumiendo al país en la miseria.

Por si fuera poco, España estaría en su perfecto derecho de cortar cualquier relación y suministro de bienes y servicios a Cataluña, incluyendo entre otros el suministro eléctrico y las comunicaciones. ¿Les parece un poco rebuscado? Pues la Generalitat ya se está preparando para esas desconexiones.[32]

Es de suponer que el Estado catalán intentaría llegar en ese caso a un acuerdo con Francia, pero es obvio que la diplomacia española tiene mucha más influencia que la que tendría la nueva nación. Incluso en el improbable caso de que Francia aceptase suministrar esos servicios, es lógico suponer que los cobraría a precios muy superiores por ser el único proveedor posible y por el hecho que ello estaría perjudicando sus propios intercambios con España. Pero incluso esto es muy improbable a menos que Cataluña pagase por adelantado, dado que nadie se fía de un moroso.

Por otra parte, es obvio que España además podría legalmente prohibir la entrada de productos catalanes en su territorio, incluso aunque viniesen a través de terceros países. En este caso no se trataría de un "boicot" de los españoles, sino una decisión política en represalia por el enorme perjuicio que esta actitud le causaría a España. El perjuicio para Cataluña obviamente sería mucho mayor —perdería de un día para otro 49.389 millones de euros en ventas (el 40% de sus exportaciones), lo que probablemente supondría una cadena de quiebras de empresas, un aumento muy sustancial del

---

[32] http://www.abc.es/catalunya/politica/20150217/abci-artur-prepara-desconexion-infraestructuras-201502171342.html

paro y un colapso de sus ingresos fiscales. El correspondiente perjuicio para España —26.704 millones de euros— sería muchísimo menor (apenas 568€ por habitante) y estaría perfectamente justificado para intentar deshacerse de una cantidad muchísimo mayor.

En cambio, para Cataluña sería una locura negarse a asumir esta deuda, por mucho que lo defiendan algunos exaltados nacionalistas. Hasta el propio Consell Assessor per a la Transició Nacional (CATN) —no precisamente un catastrofista "español"— ha anunciado que una separación no acordada le costaría a Cataluña entre 4.500 y 5000 millones de euros mensuales (es decir, entre 54.000 y 60.000 millones de euros anuales, o un tercio de la deuda a asumir), según informa La Vanguardia.[33] Teniendo en cuenta que este grupo está descaradamente promocionando la independencia, el coste real será probablemente mucho mayor.

Este coste, según el CATN, debería costearse con créditos, emisiones de deuda o bonos patrióticos. Teniendo en cuenta que el crédito se le cerraría inmediatamente en cuanto constase como un país moroso, estado su deuda además ya calificada como "bono basura" (ver capítulo 10), la emisión de "bonos patrióticos" suena a chiste. ¿De verdad alguien piensa que cada catalán —incluyendo bebés— asumiría al menos 8.000€ de deuda **al año** por puro patriotismo?

---

[33] http://www.lavanguardia.com/politica/20140929/54415529597/mas-presenta-libro-blanco-transicion-nacional.html

13. El reparto de los activos se hará en base a todo el Estado, <u>incluyendo</u> los activos en la propia Cataluña

En caso de una secesión, y suponiendo que Cataluña esté dispuesta a asumir la parte que le corresponde de la deuda española, el reparto de los bienes estatales deberá hacerse también de forma proporcional. Eso sí, la proporción debe ser en base a lo que es la España actual. No, como han planteado algunos nacionalistas, repartiendo exclusivamente los activos *"no territorializables"* del Estado. El truco consiste en que lo que proponen es que *"todo lo que hay en Cataluña es de los catalanes y de lo demás quiero mi parte"*.

En estos momentos, Cataluña forma parte de España, y todas sus infraestructuras (puertos, aeropuertos, autovías, ferrocarriles, etc.) han sido pagados con el dinero de todo el pueblo español (catalán incluido). No es lógico pretender quedarse con todo lo que haya en el territorio, independientemente de dónde proceda y quién lo haya pagado, y luego querer repartirse lo de los demás.

Podría ser aceptable el argumento de que las inversiones realizadas por la Generalitat después de la llegada de la democracia han sido pagadas exclusivamente por los catalanes. Es legítimo, puesto que en base a ello se ha acumulado también un déficit (catalán) que tendrán que asumir ellos. Esas inversiones sí podrían considerarse "territorializables" puesto que han sido los catalanes los únicos que las han pagado.

Ahora bien, ese argumento no se puede aplicar a las infraestructuras creadas antes de la llegada de la democracia (que son múltiples) o a las pagadas con dinero estatal (por ejemplo, el aeropuerto del Prat, o el AVE). Al estar pagadas con dinero de todos los españoles (incluyendo catalanes), todos estos activos entrarían en el reparto. Esto sería incluso cierto aunque el titular actual fuese la Generalitat, dado que se repartiría la deuda española y los beneficios de la deuda, es decir, lo que se construyó con ese dinero.

Sin ir más lejos, simplemente para los JJ.OO. de Barcelona todos los españoles invertimos la friolera de 1.859 millones de euros en infraestructuras catalanas (el 57% del total), mientras que la Generalitat sólo cubrió el 20% y el Ayuntamiento de Barcelona apenas el 3%.[34] Pretender que esas infraestructuras son "sólo catalanas" es una tomadura de pelo.

¿Cuánto suponen estos bienes? Hace pocos meses hubo una conferencia en el Colegio de Economistas de Cataluña, donde el exdirector de la Bolsa de Barcelona, José Luis Oller, cifró en al menos 50.000 millones de euros los bienes «españoles» en Cataluña que la nueva nación debería pagar.[35,36]

Todo esto también es aplicable al patrimonio histórico, que también reclaman los nacionalistas catalanes[37]. Bueno, es legítimo que reclamen su parte del patrimonio histórico español. Pero de la misma manera los españoles podemos reclamar nuestra parte del patrimonio histórico catalán, que al fin y al cabo también es al día de hoy patrimonio histórico español. La titularidad actual, de nuevo, es irrelevante. Por ejemplo, hace unos años se trasladó parte del archivo de la Guerra Civil desde Salamanca a Barcelona.[38] Ahora es de titularidad de la Generalitat, pero no por ello deja de ser patrimonio común. En consecuencia, cualquier patrimonio histórico que no haya pagado explícitamente la Generalitat debe considerarse como patrimonio histórico común y repartirse con el todo. Incluyendo, por ejemplo, la *Sagrada Familia*.

Aunque algunos soberanistas han estado reclamando que se reparta todo, incluyendo las bases de investigación polar, es bastante idiota que absolutamente todo se reparta proporcionalmente. Por ejemplo, no dejaría de ser chusco que El Prat fuese en un 84% español y 16% catalán. Lo lógico es hacer un inventario, asignar

---

[34] http://www.larazon.es/detalle_normal/noticias/3612156/espana/trias-pide-al-estado-que-apoye-los-juegos-de#.Ttt1boxWvljF1W6

[35] http://ccaa.elpais.com/ccaa/2014/03/31/catalunya/1396297458_573655.html

[36] https://www.youtube.com/watch?v=FOGDR6n1C-A

[37] http://www.elconfidencial.com/espana/cataluna/2014-07-15/los-asesores-de-mas-le-aconsejan-reclamar-el-16-del-arsenal-militar-espanol_162081/

[38] http://es.wikipedia.org/wiki/Conflicto_de_los_%C2%ABpapeles_de_Salamanca%C2%BB

todos los activos en territorio catalán al nuevo estado y repartir el resto hasta llegar al 16% que reclaman los nacionalistas.

Obviamente, si resultase que los activos de origen común en Cataluña superasen el 16% del total (bastante probable, teniendo en cuenta las enormes inversiones que se han realizado allí desde siempre), entonces Cataluña tendría que compensar a España con la titularidad de algunos de esos bienes, o asumir una mayor parte de la deuda española.

Eso sí, sería muy gracioso que después de estar tanto tiempo con el "España nos roba", Cataluña tuviese que pagarle a España por haber invertido allí más de la cuenta.

14. Nada de "Países Catalanes"

Los nacionalistas catalanes llevan años intentando incorporar a su proyecto a unos imaginarios "Países Catalanes", que además de Cataluña incluirían Valencia, las islas Baleares y Aragón. Hasta tal punto llega el delirio pancatalanista que *Compromis* propone defender en la UE esos supuestos "Países Catalanes" si lograse escaño en las elecciones europeas[39] e incluso extender la independencia a estos territorios.[40]

El tema no es nuevo, puesto que el parlamento catalán ha realizado continuas injerencias en las autonomías vecinas (véase por ejemplo [41,42]), hasta el punto que los parlamentos valenciano, aragonés y balear se pronunciaron conjuntamente contra el pancatalanismo.[43]

Pues bien, no es de recibo que los nacionalistas catalanes exijan por un lado un supuesto derecho de secesión alegando un supuesto "derecho a decidir" y por otro lado intenten incorporar contra su voluntad a varias autonomías españolas que claramente tienen su propia identidad y no quieren saber nada de un pancatalanismo que sólo existe en la mente calenturienta de los nacionalistas catalanes.

Valencia, Aragón y Baleares quieren seguir siendo españolas. Cualquier intento de incorporarlas al proyecto catalán por parte de una Cataluña independiente deberá por lo tanto verse como un acto hostil por parte de una potencia extranjera, debiendo su integridad ser defendida si fuese necesario hasta <u>por la fuerza de las armas</u>. Es

---

[39] http://www.abc.es/comunidad-valencia/20140501/abcp-compromis-defendera-paises-catalanes-20140501.html

[40] http://www.abc.es/comunidad-valencia/20141018/abcp-deriva-independentistalos-nuevos-socios-20141018.html

[41] http://www.abc.es/local-comunidad-valenciana/20140225/abci-artur-desafio-201402250933.html

[42] http://www.abc.es/comunidad-valencia/20140223/abcp-injerencias-catalanistasmas-denuncia-consell-20140223.html

[43] http://www.abc.es/comunidad-valencia/20140430/abcp-parlamentos-valenciano-aragones-balear-20140430.html

obligación de la nación española proteger a sus ciudadanos y de impedir intentos de usurpación de su territorio por parte de otros países, se pongan los nacionalistas catalanes como se pongan.

Muy pocos españoles pondrían pegas a que se bombardease Barcelona si hubiese por ejemplo que proteger Valencia contra una agresión de una Cataluña independiente. Pero es que además tal agresión haría que Cataluña entrase en guerra contra la OTAN, puesto que España podría invocar el artículo 5 del Tratado del Atlántico Norte[44], que especifica que una agresión contra uno de los miembros de la OTAN es una agresión contra todos. Y es que, tal y como se explica en el capítulo 17, Cataluña no estaría en la OTAN, y España sí.

Y por cierto, probablemente los independentistas piensen que, a falta de España, podrán arrimarse a Francia. Lo malo es que esos "Países Catalanes" también reclaman la friolera de 14.000 kilómetros cuadrados de Francia[45]. Si piensan que Francia va a consentir que se anexionen parte de su territorio, lo llevan claro. Francia tiene una larga historia de no andarse con chiquitas con los que la amenazan, y mucho menos un país que para ellos no tiene ni media bofetada.

---

[44] http://www.nato.int/cps/en/natohq/official_texts_17120.htm?selectedLocale=es

[45] http://www.abc.es/local-aragon/20140905/abci-anexiona-4200-aragon-201409050901.html

15. Será ilegal que Cataluña subvencione asociaciones afines en España

El gobierno de la Generalitat lleva años subvencionando con partidas millonarias a asociaciones afines en el resto de España para que ayuden a promocionar su sueño de los "Países Catalanes". Por ejemplo, la asociación *Acció Cultural del País Valencià (ACPV)* ha estado recibiendo *anualmente* más de 700.000€. Los favores obviamente los paga, promocionando y ayudando el independentismo catalán. Ahora bien, no es de recibo que un país extranjero subvencione asociaciones que tendrían como objetivo subvertir el orden constitucional de una España sin Cataluña, a fin de intentar absorber otros territorios para aumentar el tamaño de un país minúsculo sin ningún peso internacional.

En el caso de Cataluña, sería un acto clarísimamente inamistoso. Desde el punto de vista español, cualquier asociación que recibiera esas subvenciones debería disolverse y sus dirigentes ser encarcelados por atentar contra la integridad del Estado al servicio de una potencia extranjera.

16. Cataluña será un estado potencialmente hostil

Aquí los nacionalistas catalanes nos quieren vender la idea de que España y una Cataluña independiente serían países amigos, y todo seguiría como ahora. **Mienten.** Esto es como un divorcio, y se generará mucha mala sangre por ambas partes. No se puede estar justificando la independencia con "España nos roba" y "España nos oprime" y luego seguir siendo tan amiguetes.

Hay que tener en cuenta que la secesión causará también muchos problemas en la propia España, incluyendo un empobrecimiento general (aunque mucho menor que en la propia Cataluña) y una gran reducción de su peso internacional. Pensar que la gente no va a estar resentida por todo esto es de estúpidos.

Además, hay que tener en cuenta que el nacionalismo catalán no sólo ha estado realizando una feroz campaña antiespañola que hace que ha generado mucho resentimiento; también hay que tener en cuenta que la Generalitat y los nacionalistas han intentado atraer a su órbita a otras autonomías, inventándose unos supuestos "Países Catalanes" que de hecho supondría reclamaciones territoriales de una Cataluña independiente respecto a España, reclamaciones que obviamente serían rechazadas de plano (ver capítulo 14).

Algunos nacionalistas proclaman una "buena vecindad", "colaboración", "ayuda mutua", y lindezas similares en caso de una Cataluña independiente. En el mejor de los casos son gente que no tiene dos dedos de frente, en el peor están mintiendo descaradamente. ¿Por qué iba España querer ayudar a Cataluña? ¿Por lo bien que se ha portado separándose de ella? ¿Qué beneficio iba a sacar? Cataluña por supuesto que se podría beneficiar mucho de esa ayuda, ¿pero España? ¿Qué interés iba a tener España en ayudar a un país potencialmente hostil que ha estado descalificándola internacionalmente para obtener su independencia? ¿Qué la ha perjudicado económicamente? ¿Por qué iban los políticos españoles a jugarse unas elecciones cuando la opinión española estaría radicalmente en contra de cualquier colaboración?

Y para colmo, hay otros nacionalistas catalanes que ya están anunciando chantajes si España no está dispuesta a ayudarles, por ejemplo amenazando con bloquear el acceso a Francia de las mercancías españolas. Es, decir, que la "buena vecindad" se basaría en el chantaje permanente al cual ya nos tienen acostumbrados. Pensar que eso es "amistad" y "buena convivencia" suena a tomadura de pelo.

Hay quien ha señalado que a España no le quedaría más remedio que mantener las buenas relaciones, pues no podría vender en Cataluña si la relación no fuese "amistosa". Lo que olvidan esos supuestos analistas es que las ventas de Cataluña al resto de España **duplican** las ventas de las demás autonomías al territorio catalán. ¿Acaso alguien cree que a España no le interesaría atajar de raíz un incremento de su déficit comercial tras una secesión? ¿No sería muchísimo mejor que esas ventas las realizasen empresas españolas, lo que además incentivaría su propia economía?

Las supuestas "sanciones" catalanas serían risibles —cualquier intento de intentar perjudicar a España por parte de Cataluña sería respondido de igual manera por los españoles y recordemos que España seguirá quintuplicando en población y cuadruplicando en PIB a una pequeña nación de sólo 7,5 millones de habitantes. Es como si España amenazase económicamente a EE.UU.

Hay un interesante artículo basando en la teoría de juegos[46] que básicamente demuestra que en caso de secesión la mejor opción y lo más racional para España sería precisamente hacerle la puñeta a Cataluña para mejorar sus propias ganancias. Si alguien piensa que Cataluña puede chantajear a España y que lo contrario no puede ocurrir es que es tonto de remate. Además, a España le convendría hundir al nuevo país para evitar el envalentonamiento de otros nacionalistas.

En esas circunstancias, **lo mejor que podría esperar Cataluña es una total indiferencia** –es decir, nula ayuda de cara a los problemas que pudiera encontrarse– y **en el peor una España radicalmente hostil** a ese nuevo país. Los vínculos de amistad

---

46 http://derechomercantilespana.blogspot.com.es/2013/10/gali-sobre-la-independencia-de-cataluna.html?spref=tw

tardarían al menos una o dos generaciones en establecerse. Es lo que tienen los divorcios, especialmente cuando se inicia exclusivamente por una de las partes, que además recurre al chantaje, la mentira y a la descalificación continua de la otra parte.

17. Cataluña fuera de la OTAN

Aquí tenemos el caso de que el titular de este tratado es España. Si Cataluña no es España, obviamente no está cubierta por el tratado de la OTAN, por mucho que los nacionalistas argumenten lo contrario. No se puede crear un país negando ser España, y luego decir que se es España para lo que conviene. De hecho, hasta la OTAN ha confirmado que Cataluña no seguiría siendo miembro.[47]

En teoría, los catalanes podrían intentar acogerse a la Convención de Viena sobre la Sucesión de Estados en Materia de Tratados de 1978[48] que dice que un territorio segregado de un estado existente puede mantener en vigor los tratados firmados por el estado del que se ha desgajado. Aunque ello es cierto, el Convenio establece ciertas salvedades: Por ejemplo, los artículos 17.1, 18.4 y 19.4 establecen claramente que si un tratado exige el consentimiento de todas las partes, el nuevo estado sólo podrá adherirse a ese tratado si consigue el consentimiento de todas las partes.

Ahora bien, según el artículo 10 del Tratado del Atlántico Norte[49], no se admiten solicitudes a ingresar, sino que tienen que ser los países de la OTAN quienes, por unanimidad, pueden invitar a ingresar a un estado europeo. Es decir, que la adhesión de Cataluña a la OTAN sólo puede tener lugar si todos los países —incluyendo España— están de acuerdo en invitarla a unirse a dicho tratado, como ha resaltado la propia OTAN.[50]

Teniendo en cuenta que Cataluña será un estado potencialmente hostil y además nacerá reclamando territorio español e incluso francés (ver capítulo 13), lo lógico es que España (y también Francia) se oponga a su ingreso en la OTAN y, al requerirse

---

[47] http://www.abc.es/espana/20131204/abci-cataluna-independiente-internacionales-201312031300.html

[48] http://www.dipublico.com.ar/instrumentos/20.html

[49] http://www.nato.int/cps/en/natohq/official_texts_17120.htm?selectedLocale=es

[50] http://www.abc.es/espana/20131202/abci-otan-cataluna-escocia-independiente-201312021150.html

unanimidad, en realidad esté vetando su adhesión.

Si consideramos también la amenaza de algunos nacionalistas (por ejemplo, Jordi Molins en TV3)[51,52] de ofrecerle a China u otras potencias no democráticas su territorio como bases navales si no se admiten sus condiciones, lo más probable es que la OTAN —no pudiendo evitar el veto español y francés— considere a Cataluña como un potencial enemigo, dispuesto siempre al chantaje y a aliarse con cualquier potencia extranjera posiblemente hostil, y tomará las medidas adecuadas. Si alguien piensa que un país de 7,5 millones de habitantes puede amedrantar a la OTAN con amenazas es que está loco o ha bebido más de la cuenta. Y basta mirar un mapa para ver que este país de opereta estará rodeado por bases de la OTAN.

---

[51] http://dolcacatalunya.com/2014/03/04/un-separatista-ofrece-en-tv3-el-puerto-de-barcelona-a-submarinos-nucleares-chinos/

[52] http://www.vozbcn.com/2013/02/11/138079/singulars-china-catalunya-unioneuropea/

18. Cataluña deberá pagarse su propio ejército (de risa)

Es de cajón que, si Cataluña no accede a pagar su parte de la deuda española (ver capítulo 12), todo el material militar que haya en Cataluña volverá a España, y cualquier instalación militar de interés estratégico deberá ser destruida a fin de no darle medios a un potencial adversario. En ese caso, Cataluña deberá construir un ejército desde cero, con el importantísimo coste económico que ello supone.

Suponiendo que sí acceda a hacerse cargo de su parte de la deuda española, obviamente recibiría la infraestructura militar que el ejército español tenga en su territorio, así como la parte de los medios (tanques, vehículos de combate, aviones, barcos) que pudiera corresponderle. Los asesores de Mas le recomiendan en ese sentido reclamar un 16% del arsenal militar español.[53]

Ahora bien, España sería idiota si le entregase el mejor material del que dispone; lo más probable es que entregase el 16% más viejo de los sistemas de armas, o aquellos que históricamente más averías presentasen. Después de todo, no conviene armar bien a un potencial enemigo. Y sería casi imposible verificar esta jugada por parte de los catalanes.

Por otra parte, es dudoso que Cataluña pudiese mantener el material recibido en buen estado. Aparte de un sistema e infraestructura logística adecuado son necesarios especialistas para mantener esos sistemas. Aunque es cierto que quizás parte de miembros del Ejército (por ser de origen catalán) pasaran a la nueva nación, es previsible que no fuesen necesariamente los especialistas que necesitaría para mantener esos sistemas de armas. Para colmo, los requisitos que están ya estableciendo en la ANC (deberán ser catalanes de nacimiento, comprometidos con la causa, con nivel de catalán 'C' y tener formación militar "como mando") dejarán a

---

[53] http://www.elconfidencial.com/espana/cataluna/2014-07-15/los-asesores-de-mas-le-aconsejan-reclamar-el-16-del-arsenal-militar-espanol_162081/

muchos fuera, especialmente porque el estudio elaborado por el Centro de Estudios Estratégicos Catalán (CEEC) de la ANC titulado *La futura fuerza de defensa de Cataluña*[54] exige que sean previamente "filtrados". Es decir, que no basta con que sean catalanes, deben también ser nacionalistas convencidísimos. Muy pocos van a encontrar.

Formar nuevos especialistas, añadido a la falta de repuestos y documentación, llevaría muy pronto a que esos sistemas no fueran operativos, incluso en el supuesto de que hubiese especialistas capaces de manejarlos (que también puede ser dudoso — por ejemplo, ¿cuántos pilotos de caza esperaría conseguir Cataluña para su fuerza aérea?).

En ese mismo informe, el CEEC estima que un estado catalán necesitaría un Ejército con 47.696 militares en activo y 64.352 reservistas. Lo malo es que incluso el propio CEEC admite que *"Será **previsible que no haya ningún alto mando** (teniente coronel, coronel y general) de las FAES en activo que se presente a este proceso público; sin embargo, la situación puede empezar a cambiar con los **mandos intermedios** (suboficiales, alférez, teniente, capitán y comandante)"*. O sea, que piensan que un ejército se puede crear con suboficiales y unos pocos oficiales de nivel intermedio. Bueno, quieren también recurrir a los Mossos. Sería para reírse si el asunto no fuera tan serio.

Incluso con un número suficiente de cuadros del actual Ejército formando el embrión de un ejército catalán, la formación sería cuestión de años y muchos miles de millones en inversión. El CEEC estima un presupuesto de 2.584,17 millones de euros de gastos **corrientes** (1,34% del PIB), pero no considera las fuertes inversiones iniciales para hacerlo operativo. De hecho resulta que este presupuesto anual es más de la **mitad** de lo que al día de hoy el Gobierno catalán destina a **Educación** (4.147 millones de euros), el **doble** de lo que aporta para **Economía y Conocimiento** (1.033 millones), el **triple** de lo que dedica a **Justicia** (845 millones de euros) y **nueve veces** lo presupuestado para **Agricultura (**279 millones de euros).

---

[54] http://www.elconfidencialdigital.com/resources/files/2013/5/21/1369158092692informe.pdf

Es divertido que algunos nacionalistas hayan especulado con que Estados Unidos y el Reino Unido[55] entrenarían a un futuro ejército catalán. Sin embargo no han considerado que eso sería visto por España como un acto claramente inamistoso por parte EEUU y del Reino Unido, y España seguiría siendo cinco veces mayor que Cataluña, con unos lazos militares, diplomáticos e institucionales con estos países que Cataluña no tendría en muchos años. La amistad con España y su posición estratégica en el Mediterráneo (dominando el Estrecho de Gibraltar) serían mucho más importantes que las relaciones con un país de algo más de siete millones de habitantes. Por ejemplo, ¿alguien con dos dedos de frente cree que EEUU iba a dejar la base de Rota para moverse al puerto de Barcelona, donde ni siquiera caben sus portaviones?

Pero además hay que tener en cuenta que tanto España como EEUU y el Reino Unido son miembros de la OTAN. Siendo Cataluña un país potencialmente enemigo de uno (e incluso dos) de los miembros de la OTAN (¡y para colmo, tonteando con los chinos!),[56] los ingleses o americanos estarían locos de entrenar a un potencial adversario. Aunque quizás consiguiesen que los chinos les entrenasen.

A ello hay que añadir que el nuevo país nace con una clara vocación militarista. Porque lo que plantea la ANC es gastarse casi la mitad de lo que gasta España actualmente en Defensa (5.745,7 millones), teniendo sólo el 16% de su población.[57] Una simple operación aritmética muestra que los catalanes gastarán proporcionalmente **el triple** de lo que se está gastando en España en Defensa (sólo en gastos corrientes, sin inversiones), y aun así su ejército sería muy inferior al nuestro.

Suponiendo que encontrasen los fondos necesarios, lo que no dice la ANC es quién les iba a vender armamento. Los países de la

---

[55] http://www.elconfidencialdigital.com/defensa/integrantes-Cataluna-Unidos-Reino-Unido_0_2057194272.html

[56] http://www.lasprovincias.es/20130215/mas-actualidad/sociedad/catalunya-china-alianza-nuclear-201302151146.html

[57] http://noticias.lainformacion.com/espana/la-anc-ya-prepara-un-ejercito-para-una-hipotetica-cataluna-independiente_6h7KEKqGETpLarb64i8PS3/

OTAN desde luego que no, y cualquier otro país occidental que se lo pensase primero esperaría a ver cuál es la política internacional del nuevo estado, para no incurrir en una infracción del tratado internacional de tráfico de armas (ITAR). En el mejor de los casos, esto llevaría una espera de años. Teniendo en cuenta que los contratos de suministro de armas no son tampoco como ir a la tienda de la esquina sino que llevan también años en negociarse y más años en suministrarse, Cataluña podría tardar una década en recibir su armamento. Podría abastecerse directamente de los traficantes de armas dispuestos a saltarse el ITAR, pero sería a un precio exorbitante. U obtenerlas de Rusia, China o Corea del Norte, que no suelen preocuparse de a quiénes venden armamento. Lo malo es que ello les pondría en el punto de mira de la OTAN.

El futuro ejército catalán, por mucho que digan lo contrario los nacionalistas, sería un mal chiste, y además carísimo. No lo digo yo, lo dicen expertos en Defensa, que se pregunta a quién iba a poder derrotar un ejército catalán.[58] Como se desprende claramente del documento de CEEC, ese ejército estaría pensado para luchar contra España, cuando en realidad no duraría ni un día contra un ejército muy superior y mucho mejor entrenado. La recomendación de los expertos es clara: *"Sería mejor que una Cataluña independiente buscara la neutralidad absoluta y* **rezara porque nadie les atacara"**.[59]

Eso sí, si alguien les ataca, los españoles nos sentaremos a ver el espectáculo. Después de todo, no tendremos absolutamente ninguna obligación de defender a ese país ni y a esos extranjeros.

---

[58] http://www.onemagazine.es/noticia/18661/Nacional/El-almirante-Angel-Tafalla-nos-revela-si-es-viable-la-creacion-de-un-Ejercito-catalan.html

[59] http://noticias.lainformacion.com/espana/expertos-en-defensa-a-quien-iba-a-poder-derrotar-un-ejercito-catalan_M8LHENx9Rp8kC8N1o9w1Y5/

19. Las aguas territoriales catalanas quedarán encajonadas entre las españolas, francesas e italianas

Es bien sabido que la ANC quiere crear una Marina catalana *"para proteger las aguas territoriales catalanas"*,[60] aunque hasta los Mossos se toman esta Armada a cachondeo, diciendo que *"compraremos barcas en el Toys 'R' Us"*.[61]

Incluso suponiendo que efectivamente se gasten los mil y pico millones previstos en crear esta Marina (si es que encuentran el dinero), será como colocar los barcos en el Estanque del Retiro. Y es que basta con mirar un mapa para ver que esta Marina estará encajonada entre las aguas territoriales españolas (desde la costa peninsular a las aguas de las islas Baleares y alrededor de éstas), las francesas (desde los Pirineos hasta la frontera italiana) y las aguas italianas, con las islas de Córcega y Cerdeña cerrando el "tapón" con las aguas territoriales españolas.

Teniendo en cuenta que el derecho internacional traza las fronteras marítimas en base a la equidistancia entre dos territorios, Cataluña tendrá un minúsculo trozo de aguas territoriales, del cual ni siquiera su Marina podrá salir salvo pidiendo permiso a cualquiera de los tres países cuyas aguas rodean a la suya. Porque, recordemos, penetrar con un buque de guerra en aguas territoriales ajenas sin permiso es considerado por todos los países del mundo como un acto hostil. Y los tres países son miembros de la OTAN que se apoyarán mutuamente en caso de crisis.

Pero ahí también ya se ve el farol idiota que están lanzando los nacionalistas catalanes al amenazar que ofrecerán a China una base naval en Cataluña si no se atienden sus exigencias[62]. ¿Pero qué país iba a establecer una base naval en un sitio donde no hay infraes-

---

[60] http://www.lavanguardia.com/politica/20140702/54410642041/informe-anc-define-futuro-ejercito-naval-catalunya-independiente.html

[61] http://www.abc.es/catalunya/politica/20140702/abci-mossos-ejrcito-catatalunya-201407021926.html

[62] http://www.burbuja.info/inmobiliaria/politica/402179-salimos-de-ue-cataluna-abrira-puertos-bases-militares-chinas-jordi-molins.html

tructuras militares adecuadas para ello —habría que crearlas primero— y que además estaría rodeado por aguas territoriales y bases de la OTAN? ¿Pudiendo además cerrar España el Estrecho de Gibraltar cuando quisiera? Los chinos no son imbéciles.

20. Cataluña fuera de la Unión Europea

Los nacionalistas catalanes han estado "vendiendo" la idea de que Cataluña o estaría automáticamente en la Unión Europea o se incorporaría en un tiempo récord, pero los dos supuestos son radicalmente falsos.

En primer lugar, Cataluña no puede estar automáticamente en la Unión Europea porque no aparece como país adherido en el tratado de Lisboa, donde sí está España. Si Cataluña no es España, obviamente no pertenece a la UE. En este sentido, la UE ha explicado que la jurisdicción es clara y que un nuevo país fruto de la segregación de un Estado miembro implica automáticamente su salida del club comunitario y la necesidad de iniciar, si se quiere, los trámites de adhesión.[63] Esto mismo se ha advertido durante la votación de Escocia, que estaría automáticamente fuera de la UE si se apartaba del Reino Unido. En ese sentido se pronunció por ejemplo el presidente del Consejo Europeo, Herman von Rompuy.[64]

Varios dirigentes europeos tales como el presidente de la CE, el portugués José Manuel Durao Barroso,[65] el Comisario europeo de Competencia Joaquín Almunia[66] o la portavoz de la Comisión Europea, Pia Ahrenkilde,[67,68] también se han pronunciado en ese sentido respecto a la secesión de Cataluña.

Algunos nacionalistas pretenden que estas declaraciones no son oficiales, puesto que la Unión Europea no se ha pronunciado explícitamente al respecto. Ahora bien, **esto no es cierto**: Resulta que sí

---

[63] http://www.abc.es/espana/20130922/abci-cataluna-201309200913.html

[64] http://www.telegraph.co.uk/news/politics/10517361/Herman-Van-Rompuy-deals-EU-blow-to-Alex-Salmonds-independence-plans.html

[65] http://www.elcorreo.com/vizcaya/v/20140109/politica/union-europea-responde-artur-20140109.html

[66] http://www.elmundo.es/elmundo/2013/09/16/barcelona/1379322361.html

[67] http://www.europapress.es/nacional/noticia-bruselas-confirma-cataluna-quedaria-fuera-ue-si-independiza-20130916124004.html

[68] http://www.abc.es/espana/20130916/abci-almunia-cataluna-201309161045.html

lo hecho varias veces. Por ejemplo, lo hizo por escrito el 1 de marzo 2004 en respuesta a la pregunta P-0524/04 de una parlamentaria británica,[69] remitiéndose a un precedente existente (la segregación de Argelia de Francia). Concretamente, la respuesta a dicha pregunta dice textualmente *"Los tratados se aplican a los estados miembros (Artículo 299 del tratado de la CE). Cuando una parte del territorio de un estado miembro dejase de ser parte de ese estado, por ejemplo porque el territorio se convierte en un estado independiente, los tratados dejarán de aplicarse en ese territorio. En otras palabras, una región recién independizada sería, por razón de su independencia, un estado tercero respecto a la Unión y los tratados, desde el día de la independencia, dejarían de aplicarse en su territorio."* O sea, que Argelia (que se independizó de Francia en 1962) no podía ser de ninguna manera miembro de la CE. Más claro, agua.

De conformidad con el art. 49 del Tratado de la UE, **una parte del territorio europeo de un Estado que se separe de su Estado matriz**, al constituirse como Estado independiente, **deberá solicitar el ingreso como nuevo "Estado"**, con un complejo proceso de adhesión, que exige, entre otras cosas, la aprobación unánime de los miembros, como se señala por ejemplo en un artículo de ABC.[70]

La unión rápida también es poco menos que cuestionable, y ha sido recibida hasta con cachondeo en Europa. Como ironizó el Presidente de la Comisión tras las elecciones al Parlamento de Europeo de mayo de 2014, el luxemburgués Jean-Claude Juncker, *"no basta con el envío de una carta"* para unirse a la UE, en alusión al gesto del Presidente Mas de enviar un documento explicativo de la reivindicación de la consulta soberanista a algunos líderes europeos.

En teoría, Cataluña podría incorporarse por la vía rápida en base al artículo 48 del Tratado de la UE reformado en Lisboa[71]. Este permite a un Estado miembro (en este caso, España si accede a

---

[69] http://www.abc.es/gestordocumental/uploads/nacional/carta-diputada-britanica.pdf

[70] http://www.abc.es/espana/20140416/abci-territorio-union-europea-cataluna-201404151647.html

[71] http://europa.eu/lisbon_treaty/full_text/index_es.htm

ello) pedir una modificación de los tratados para que Cataluña siga en la UE sin solicitar el reingreso por la vía lenta del artículo 49.

Ahora bien, esto es una quimera, por mucho que los nacionalistas quieran vender lo contrario. Esa vía, que nunca se ha utilizado, se puede poner en marcha por mayoría cualificada, es decir, ninguno de los socios tendría derecho de veto. Pero la decisión final de ingreso sería de nuevo por unanimidad, lo que permitirá a cualquier socio retrasar indefinidamente la entrada.

Aparte de que, como ya se ha señalado, Cataluña sería un estado potencialmente hostil, la población española se opondría radicalmente a encima hacer favores a quien ha hecho bandera del insulto, la supuesta "opresión" y el "España nos roba" para conseguir la independencia. Y eso por no hablar de los muchos perjuicios que la secesión supondría para el resto del país. En esas circunstancias, cualquier político español que apoyase esa opción se suicidaría electoralmente.

Dado que la propuesta de tramitar una modificación al Tratado por la vía rápida requiere unanimidad del Consejo Europeo y que aun así no podrá realizarse en caso de que cualquier Parlamento nacional se oponga en el periodo de seis meses, es más que improbable que se pueda conseguir ese acceso rápido que pretenden los nacionalistas. Cataluña tendría que ponerse a la cola, y su solicitud tendría que ser por la vía normal.

Otro gran problema que se encontrarían los catalanes es que la ampliación de la Unión Europea debe hacerse por unanimidad de los 28 países miembros. Y es muy cuestionable que en España el Parlamento estuviese dispuesto a aprobar dicho ingreso después de los problemas que la secesión acorrería. ¿Acaso creen que el PP iba a votar a favor? Quizás el PSOE se sintiese tentado, pero ¿irían en contra de los sentimientos de su propio electorado, tan cabreado como los demás por el impacto económico de la secesión? Salvo algún partido marginal, lo más probable es que los diputados votasen en bloque contra de dicho ingreso. Veto prácticamente seguro, y más teniendo en cuenta los chantajes que los nacionalistas ya están anunciando si no les ayudamos (véase el capítulo 16).

Varios nacionalistas han sugerido que bastaría "voluntad política" para cambiar los tratados e ingresar en la UE por la vía rápida. ¿Pero "voluntad política" de quién y por qué? ¿Por qué iba nadie querer hacer un chanchullo para acelerar la entrada de Cataluña?

Tengamos en cuenta que no sólo España estaría dispuesta a evitar el acceso de Cataluña. Recordemos que hay mucha ansia de independentismo en la propia Unión Europea. ¿Acaso alguien cree que los grandes países van a "premiar" la independencia de Cataluña admitiéndola en la UE, para darles alas a sus propios independentistas? ¿Alguien cree que Alemania y Francia van a dejar que Baviera ó Córcega por ejemplo sigan en unos años el camino de Cataluña? ¿O Italia con Lombardía? ¿Y Bélgica con Flandes? ¿Acaso Chipre, Rumania o Eslovaquia no tienen también independentistas propios? Incluso España tendría mucho interés en hundir a Cataluña para evitar otras aventuras independentistas.

Basta un solo veto en la UE para evitar que un país ingrese (ahí tenemos el caso de Turquía, que lleva décadas bloqueada por varios países), y en este caso habría muchos países a los que no les interesaría nada. Mejor escarmentar a los independentistas propios en cabeza ajena. Los escoceses desde luego que lo tenían claro, y eso que ellos tenían petróleo.

Hay otro aspecto que considerar: Actualmente, tal y como se explica en el capítulo 10, Cataluña está hoy en quiebra y sólo sobrevive porque el estado español garantiza su deuda. Por mucho que a los nacionalistas les guste repetir que "Europa no consentiría que Cataluña fuese excluida", ¿de verdad **alguien se cree que las naciones europeas estarían dispuestas a pagar el rescate de esta nación entrampada?** Lo más probable es que exigiesen que antes de plantear siquiera su ingreso cumpliese con todos los criterios de estabilidad (déficit, deuda, etc.). Simplemente restaurar las finanzas catalanes hasta que cumpliese con los criterios europeos podría llevar una década o más.

Incluso presumiendo que ningún gobierno pusiera "pegas", hay que recordar que la incorporación debe ser aprobada por todos y cada uno de los 28 países miembros siguiendo sus propias leyes – no basta con que lo acepte el gobierno nacional, en muchos casos tiene que ser aprobado por los correspondientes parlamentos y en algunos casos incluso mediante referéndum nacional. Es perfectamente posible que algún parlamento se niegue a aceptar dicho ingreso, o que los electores de alguno de los países en cuestión rechacen la propuesta, especialmente si en ese país tienen independentistas propios. Y si encima hay que poner dinero, peor aún.

Pero suponiendo que todo vaya sobre ruedas, tampoco será un proceso breve. España tardó 8 años desde que hizo su solicitud hasta que fue admitida. Si alguien dice que el ingreso de Cataluña sería cuestión de meses o de uno o dos años está mintiendo descaradamente. Es prácticamente imposible que se logre en menos de cinco años debido a la complejidad del proceso y la necesidad de aprobación por cada uno de los 28 países miembros, y el tiempo necesario vendrá dado por el más lento de los países.

21. Cataluña dejará de tener representantes en el Parlamento Europeo

Por cierto, al estar excluida Cataluña de la UE, todos los representantes catalanes en el Parlamento Europeo deberán dejar sus golosos puestos, dado que representarán a una nación que no es miembro. España puede y debe exigir que sean reemplazados con efecto inmediato por representantes españoles, puesto que se corresponden al cupo que representa a España. A menos, claro, que opten por la nacionalidad española (ver capítulo 24) y renuncien a la catalana. Es bastante obvio que una nación que no pertenece a la UE no puede tener miembros en el Parlamento, decidiendo sobre temas que nos afectan a todos los europeos.

22. Cataluña fuera de la ONU y todos sus organismos

Según reporta La Información,[72] los asesores de Mas han establecido como prioritarias *"las instituciones internacionales que no generen divergencias en la sociedad catalana"* y aquellas en las que ningún país (en referencia principal a España) tenga derecho a **vetar la entrada de Cataluña**. La adhesión a la ONU es la culminación del proceso en el reconocimiento internacional por parte de un nuevo Estado. Estar dentro de ella supone formar parte del mundo y acceso directo a muchas de las organizaciones que la componen, como la UNESCO o la OMS.

Ahora bien, según el informe independentista de la CATN *"La integració a la Comunitat Internacional"*[73] parece que organismos como la ONU o el FMI estarían deseando con entusiasmo tener a Catalunya como miembro. Sin embargo, al leerse el informe es bastante evidente que ni hay tanto entusiasmo ni le va a resultar tan fácil a Cataluña acceder a esos organismos.

Según el CATN, entrar en la ONU le costaría a Cataluña 50 millones de euros. El proceso es relativamente sencillo, y se realiza en dos fases:

1. El país candidato envía una notificación formal al secretario general de la ONU; el Secretario General informa al Consejo de Seguridad, que debe decidir si recomienda o no el ingreso del candidato, o si aplaza la solicitud. La aprobación exige al menos **nueve votos afirmativos y ningún voto en contra de los cinco miembros permanentes del Consejo**.
2. Si la decisión del Consejo recomienda el ingreso, entonces debe considerarse a la Asamblea General, donde al menos dos terceras partes de sus miembros deben votar afirmativamente.

---

[72] http://noticias.lainformacion.com/espana/artur-mas-ya-sabe-todo-lo-que-tiene-que-hacer-para-conseguir-la-independencia_kE4Aedwn966e0bHqAh07t1/

[73] http://www.ara.cat/politica/CATN-informes-transicio_nacional-ordenament_ARAFIL20140728_0007.pdf

No obstante, según reconoce el propio CATN, la petición de Catalunya tendría muchas posibilidades de quedar ya enterrada en el primero de los pasos *"si España consigue ser miembro no permanente del Consejo de Seguridad para el bienio 2015-2016"* (que ya lo es), por lo que los asesores de la Generalitat barajan empezar a los trámites con la ONU en 2017. Los propios asesores reconocen la inexistencia de casos recientes en los que un país recién independizado consiga ser reconocido por Naciones Unidas sin el consentimiento del país "matriz", con la única excepción de Bangladesh.

El problema no se detiene ahí: Rusia y China son miembros permanentes del Consejo de Seguridad, y tienen sus propios independentistas. Por mucho que los nacionalistas catalanes proclamen su intención de "arrimarse" a estos países (incluso ofreciéndoles bases militares si no ingresan en la Comunidad Europea), ninguno de los dos tendrá muchas simpatías por un precedente que puede soliviantar a sus propias minorías. De hecho, Kosovo no se ha podido incorporar a la ONU debido a las reticencias de Rusia. El argumento de mayoría democrática obviamente les importa un rábano a estos dos países, cuyas credenciales democráticas son cuanto menos dudosas. Y, recordemos, ¡estos dos países tienen ambos derechos de veto permanente! Si quieren, pueden retrasar el acceso de Cataluña durante décadas.

Incluso una vez superado este primer escollo, hay dudas más que razonables que Cataluña pudiese conseguir una aprobación por dos terceras partes de los miembros en la Asamblea General, especialmente si España estuviese propugnando activamente que no se le permitiese el acceso. Por mucho que les pese a los nacionalistas catalanes, España tiene excelentes relaciones con muchísimos países, y un peso internacional que un país pequeño como Cataluña no puede ni soñar en tener jamás. Si Israel ha logrado impedir el reconocimiento de Palestina en la ONU durante décadas, España podría hacer lo mismo con Cataluña, especialmente si este estado ha mostrado una actitud claramente inamistosa con España.

A ello hay que añadir que la Asamblea General incluye muchos países que no son democracias liberales con sus propios independentistas y que por lo tanto ningún interés en premiar aventuras de este tipo. No es nada seguro que incluso sin que España trabajase en contra de ese reconocimiento Cataluña consiguiese los 126 países necesarios que le apoyasen.

23. Cataluña fuera de la OCDE, FMI y otros foros económicos

Cataluña estaría también fuera de todos los foros económicos como la Organización para la Cooperación y el Desarrollo Económicos (OCDE), el Fondo Monetario Internacional (FMI) y otros foros económicos a los que pertenece España. Esto, en teoría, debiera ser menos difícil que unirse a la Unión Europea, puesto que España no tendría derecho de veto.

Ahora bien, tampoco esto va a ser sencillo. Por ejemplo, en la OCDE la inmensa mayoría (21 de los 34 miembros) pertenecen también a la Unión Europea (entre ellos, España) y lo más probable es que no viesen con buenos ojos la incorporación de Cataluña, especialmente si existiesen fricciones o incluso una clara enemistad con España. Lo que, visto la actitud actual de los independentistas, es más que una mera probabilidad.

El FMI tiene en la actualidad 188 países como miembros, y sus condiciones de acceso son más sencillas que para la ONU. Ahora bien, tal y como señala el propio informe del CATN mencionado en el capítulo 22, la aceptación del FMI supondría un desembolso de 400 a 500 millones de dólares. Es bastante cuestionable si Cataluña podría permitirse semejante cantidad, teniendo en cuenta que hasta la propia portavoz de ERC, Marta Rovira, ha admitido que los primeros meses ni siquiera podrían pagar las pensiones ni las nóminas de los funcionarios.[74,75]

---

[74] https://www.youtube.com/watch?feature=player_embedded&v=Mk9WUqXsf3A

[75] http://www.periodistadigital.com/cataluna/barcelona/2014/08/18/erc-funcionarios-y-jubilados-catalanes-cobraran-con-retraso-con-la-secesion.shtml

24. Nada de doble nacionalidad ni ciudadanía europea

Aquí hay mucho listo, hasta el punto que Oriol Junqueras, presidente de ERC, dijo que los catalanes podrían mantener la doble ciudadanía catalana-española en caso de secesión de Cataluña.[76] Es decir, que los españoles les demos una red de seguridad si el experimento fracasa, puesto que seguirían siendo ciudadanos españoles. El fuero y el huevo.

Pues no, señor. En primer lugar, para tener doble nacionalidad tiene que existir un tratado entre dos naciones que permita dicha doble nacionalidad. Y España no tiene por qué facilitarle las cosas a aquellos que ya han dicho que no quieren ser españoles. Si quieren ser catalanes en una Cataluña independiente, allá ellos. Pero en ese caso que no pidan también la nacionalidad española. Sean coherentes.

Dice Oriol Junqueras que "*es que no se puede privar a alguien de la nacionalidad española*". Es cierto, está establecido en el artículo 11.2 de la Constitución que tanto denostan los nacionalistas, incluyendo el propio Junqueras. Pero sí se puede renunciar a ella adquiriendo una nacionalidad diferente. Para ser exactos, el artículo 24 del Código Civil[77] recoge los supuestos de pérdida de la nacionalidad española de los españoles de origen, donde se supone que están incluidos la mayoría de los catalanes.

Concretamente, el primer apartado dice que pierden la nacionalidad española los emancipados que, residiendo habitualmente en el extranjero, **adquieran voluntariamente otra nacionalidad**. Por si fuera poco, el segundo apartado determina que pierden la nacionalidad española los españoles emancipados que **renuncien expresamente a ella**, si tienen otra nacionalidad y residen habitualmente en el extranjero. Al votar a favor de no ser españoles, los catalanes esta-

---

[76] http://www.elperiodico.com/es/noticias/politica/junqueras-aboga-por-doble-nacionalidad-espanola-catalana-2680270

[77] http://civil.udg.es/normacivil/estatal/CC/1T1.htm#BM24

rán por lo tanto ejerciendo una renuncia expresa a esa nacionalidad.

Ahora bien, ¿cómo saber si se ha votado a favor de una Cataluña independiente, y por lo tanto se ha renunciado a la nacionalidad española? Pues es muy sencillo: El mero hecho de solicitar un DNI o pasaporte catalán de una nación extranjera que, recordemos, basa su misma existencia en que niega su españolidad, debe por lo tanto suponer la renuncia implícita a la nacionalidad española. Es decir, se aplicaría el artículo 24 del Código Civil, entendiendo que la solicitud de la nacionalidad catalana viviendo en un país extranjero (Cataluña) supone automáticamente la renuncia a la nacionalidad española.

Además, para una mayor seguridad jurídica, ya que se tiene que modificar la Constitución, bastaría con retocar el artículo 11.2 para evitar este fraude de ley que proponen los nacionalistas. Si se puede modificar el artículo 2 (uno de los más importantes), no veo por qué no se puede modificar al mismo tiempo un artículo secundario (ver capítulo 3).

Es decir, que en una Cataluña independiente todo ciudadano deberá elegir entre ser catalán o ser español. Aquellos que elijan ser españoles obviamente contarán con todo el apoyo del Estado como ciudadanos suyos, aunque residan en Cataluña, de la misma manera que cualquier otro español en el resto del mundo.

Alguien que elija la nacionalidad catalana, por el contrario, será un extranjero para España, y será tratado como extranjero, tal y como se explica en el capítulo 29.

Por otra parte, los nacionalistas, al igual que en el caso de la nacionalidad española, claman que no se les puede "despojar" de la ciudadanía europea. Pero tal y como ya se ha dicho en el capítulo 20, Cataluña dejará de pertenecer a la Unión Europea. La ciudadanía europea no les viene a los catalanes por el don divino, sino por el hecho de ser españoles y de que España es miembro de la UE. Al renunciar a la ciudadanía española (adoptando la nacionalidad catalana) están renunciando también a la ciudadanía europea, de la misma manera que lo haría un español que se nacionalizase vietnamita, por poner un ejemplo.

En ese sentido, el artículo 9 del Tratado de la Unión Europea es rotundo: *«Será ciudadano de la Unión toda persona que tenga la nacionalidad de un Estado miembro.»*[78] Si Cataluña no es miembro de la Unión Europea, sus ciudadanos por lo tanto tampoco lo serán.

---

[78] http://www.boe.es/doue/2010/083/Z00013-00046.pdf

25. Los documentos españoles de los que elijan la nacionalidad catalán serán cancelados

Obviamente, una de las primeras acciones que deberá tomar España es cancelar todos los DNI y pasaportes de aquellos que hayan elegido la nacionalidad catalana e informar a todos los países con los que mantiene relaciones que dichos documentos han sido cancelados, y que cualquiera que los use estará utilizando documentación falsa. ¿Por qué? Muy sencillo: Tal y como se ha señalado en el capítulo 24, las personas que tengan dichos documentos habiendo adoptado la nacionalidad catalana habrán renunciado a la nacionalidad española.

Usar en ese contexto una documentación de una nacionalidad que no tienen es un delito en todos los países del mundo. Y España por supuesto no querrá verse involucrada en posibles infracciones que puedan realizar algunos catalanes escudándose en una nacionalidad que no poseen.

Aquellos que tengan la nacionalidad catalana deberán por lo tanto utilizar exclusivamente documentos de identidad catalanes, usar los españoles será un delito.

26. Los catalanes inicialmente no podrán entrar en España o en la UE

¿Qué esperaban? Inicialmente Cataluña no tendrá relaciones ni con España ni con la Unión Europea, ni con ningún otro país. Ningún país reconocerá siquiera un pasaporte catalán hasta que se establezcan relaciones diplomáticas con Cataluña y ese país. Ello puede llevar meses, e incluso años. A diferencia de los tratados internacionales, el reconocimiento diplomático mutuo no es automático y debe negociarse país por país.

Pero incluso una vez que se establezcan esas relaciones, los catalanes no podrán entrar ni en España ni en el resto de Europa hasta que **todos** los países de la Unión Europea hayan establecido relaciones con Cataluña. ¿Por qué? Debido a la libre circulación de personas en la UE. En el espacio Schengen no se permite la entrada de ciudadanos de países no reconocidos por todos los países de la Unión Europea.

Dado que la UE consiste de **28** países, el proceso puede ser muy largo, y ellos suponiendo que algunos países no pongan "pegas" porque no tengan ningún interés en que Cataluña prospere. Esta situación puede tardar meses, años y en algún caso excepcional hasta décadas, pero eso no es un problema de España.

27. Los catalanes necesitarán pasaporte y visado para entrar en España y la UE

El hecho de tener relaciones diplomáticas con los estados de la UE no significa que los catalanes puedan entrar sin más. Por ejemplo, no bastará utilizar el DNI, como ocurre hoy. Aparte de que usar un DNI español por parte de un catalán será un delito (ver capítulo 25), los documentos de identidad catalanes no serán válidos en el resto de Europa – tendrán que usar un pasaporte, al igual que ocurre con todos los países que no pertenecen a la UE.

Ahora bien, aparte del pasaporte hará falta también un acuerdo de que no se necesita visado para entrar en la UE. Para un acuerdo de este tipo hace falta unanimidad entre todos los miembros de la UE. A España desde luego que no le interesa facilitarle las cosas, más bien al contrario. Otros países también pondrán pegas. Por ejemplo, dada la alta tasa de paro que hay actualmente en España (incluyendo Cataluña), ningún país europeo querrá que los catalanes vayan a buscar trabajo en sus países si Cataluña se independiza. Un visado limitará la estancia de los catalanes a 30 o 90 días en toda la Unión Europea (dependiendo del acuerdo), a menos que consigan un permiso de residencia. En ese sentido, su situación será parecida a la los marroquíes, que por cierto no necesitan visado debido a los acuerdos firmados con Marruecos.

Lo curioso del asunto es que probablemente Cataluña **no** exigiría visado a los europeos, por la sencilla razón que hundiría el turismo en la propia Cataluña. No es que en Europa se lo vayan a agradecer... y eso suponiendo que venga, porque tal y como se explica en el capítulo 49 es muy probable que el turismo se hundiese.

28. Los catalanes perderán la protección consular española y europea

Al día de hoy, España tiene representación diplomática en la mayoría de los países del mundo, concretamente en 120 países. Además, según el artículo 20 del Tratado constitutivo de la Unión Europea, los españoles gozan de la protección consular de los demás países de la Unión Europea en caso de no poder disponer de un consulado propio.

¿A quién van a recurrir los ciudadanos catalanes en el extranjero? Hasta que Cataluña haya establecido relaciones diplomáticas con todos los países y haya creado una amplia red de embajadas y consulados —con el tiempo que llevará y el enorme esfuerzo económico que ello supone— los catalanes en el extranjero estarán en una situación de desprotección, puesto que ni los consulados españoles ni los de los demás países europeos tendrán la menor obligación de atenderlos.

29. Los catalanes serán a todos los efectos emigrantes extranjeros

Debiera ser obvio: Siendo extranjeros, cualquier catalán que quiera residir en España o en el resto de la Unión Europea será tratado como un emigrante extranjero, del mismo tipo que los marroquíes o los suramericanos (con la salvedad que estos países pueden tener acuerdos con la UE que Cataluña no tendrá inicialmente, y tardará en conseguir).

Es decir, que para vivir en España o en la Unión Europea los catalanes necesitarán un permiso de residencia, o se les tratará como emigrantes ilegales, de la misma manera que son los que llegan en patera a través del Estrecho de Gibraltar. Y, obviamente, para poder trabajar aquí también necesitarán un permiso de trabajo. Que, obviamente, con el paro que hay actualmente en España, les será denegado en la inmensa mayoría de los casos.

Por cierto, no es muy probable que los españoles fueran a trabajar a Cataluña.

30. Los títulos educativos catalanes no valdrán en Europa

Un detalle que casi nadie sabe es que los títulos educativos catalanes (por ejemplo, un título universitario) no tendrá ninguna validez en Europa y tendrá que ser convalidado. Al día de hoy, el Espacio Europeo de Educación Superior permite trabajar en cualquier Estado europeo con el título educativo español actual. Pero los títulos catalanes tendrán que pasar bastantes filtros y exámenes de homologación hasta que Cataluña no entre en Europa (suponiendo que lo haga).

Es decir, que después de conseguir un permiso de trabajo, los titulados catalanes que quieran trabajar en Europa (España incluida) igual tienen que trabajar de camareros porque no se les reconoce su titulación. ¡Qué mala suerte!

31. Ningún país extraditará (al menos inicialmente) a quien haya cometido un delito en Cataluña

Los delincuentes están de suerte: Cualquiera que haya cometido un delito en Cataluña, sea cual sea, podrá cruzar la frontera y estará a salvo de la Justicia catalana hasta que se firmen los correspondientes tratados de extradición. De nuevo, se trata de tratados bilaterales, que no están por lo tanto cubiertos por la Convención de Viena y Cataluña deberá negociarlos uno a uno. Aunque Cataluña, en base a dicha Convención, podría adherirse a Interpol, no le serviría de nada: Un delincuente sólo puede extraditarse si existe un tratado de extradición, y los jueces de los países democráticos prohibirán por lo tanto su entrega a Cataluña, cualquiera que sea su delito, mientras ese tratado no exista.

En el mejor de los casos, y suponiendo unas buenas relaciones (que por ejemplo, es más que cuestionable en el caso de España), llevará años firmar esos tratados. Cualquier delincuente podrá vivir cómodamente en cualquier país del mundo, y simplemente moverse a otro en cuanto la firma sea inminente. Si alguien piensa que los delincuentes no se van a aprovechar de este problema catalán, es que no tiene dos dedos de frente.

Pero, se argumentará, eso también es cierto en el sentido contrario: Un delincuente francés o español no podría ser extraditado a su país de origen. Eso es correcto. Pero en ese sentido, Cataluña tiene muchísimo más que perder que por ejemplo España o Francia, que sí tienen tratados de extradición con la mayor parte de países del mundo.

Tengamos en cuenta que al igual que los criminales catalanes se pueden refugiar en el extranjero, los malhechores extranjeros de todo el mundo también se podrán refugiar en Cataluña, sabiendo que no les podrán extraditar. El "efecto llamada" de delincuentes no va a ayudar precisamente a la ley y el orden catalán. Tampoco ayudará nada a la credibilidad internacional de Cataluña si es percibida como el refugio de delincuentes internacionales. Y si extradita a los delincuentes será aún peor: Se cuestionará la vigencia de la ley dentro del país, al no haber base legal para dicha extradición.

Adiós, Cataluña:

A medio-largo plazo esta situación se resolverá, pero el tufillo de "paraíso de delincuentes" permanecerá probablemente durante décadas, perjudicando su reputación política y financiera.

32. Los catalanes no podrán volver a votar en las elecciones municipales de muchos países

Supongo que a los nacionalistas les dará lo mismo, pero aquellos ciudadanos catalanes que actualmente viven en ciertos países perderían el derecho de votar en las municipales y quedarían sujetos a la regulación que cada Estado fije para los extranjeros no comunitarios. Quizás no sea especialmente importante, pero ello muestra hasta qué punto cambiará la vida de los catalanes.

33. España acogerá a todos los ciudadanos que no quieran permanecer en Cataluña después de la independencia

Tal y como se ha señalado en el capítulo 24, España no debe consentir la doble nacionalidad de aquellos que quieran tener la nacionalidad catalana. No obstante, sí tiene la obligación legal de acoger a todos aquellos que opten por la nacionalidad española si desean abandonar Cataluña en las mejores condiciones posibles, especialmente si una radicalización extrema de los nacionalistas les fuerza a emigrar o si ese país se convierte en una dictadura.

Esto no es una quimera. Estos movimientos de población han ocurrido cada vez que un país se he segregado ante el temor de las minorías a cómo serían tratados en el nuevo estado. Pero incluso sin llegar a la secesión, recordemos que en el País Vasco, con sólo 2,2 millones de habitantes, unos 300.000 vascos se han visto obligados a emigrar debido a la asfixiante presión nacionalista. Si extrapolamos esa cifra a Cataluña (con un tamaño tres veces mayor), es de esperar que al menos un millón de personas abandonen el nuevo país, con lo que ello conlleva para Cataluña y para España.

El hecho que un mínimo de un millón de personas abandonen Cataluña obviamente será un duro golpe para su economía al reducirse su población al menos un 13%, con la consiguiente reducción de ingresos fiscales y tamaño de su mercado interior. Aunque es de esperar que ello reduzca el paro (al haber menos población activa), también hundirá el mercado inmobiliario y la construcción (al haber de pronto un exceso de viviendas). Es difícil evaluar el impacto económico que ello supone, pero desde luego que reducirá aún más el peso catalán a nivel mundial.

También tendrá un obvio impacto en España, porque obviamente ésta está obligada a aceptar a los que siguen siendo sus ciudadanos. Obviamente aumentará algo el porcentaje del paro, pero es de suponer que el aumento de la población en sólo un 2,5% no debiera ser demasiado traumático (incluso aunque haya que aumentar las prestaciones por desempleo) y aumentará a medio plazo la actividad económica debido a un mercado interior mayor. También reducirá en gran medida el stock de viviendas disponibles, así impulsando de nuevo la construcción y por lo tanto la actividad económica.

La situación en España será probablemente parecida a la que ocurrió en Alemania Occidental, cuando millones de refugiados de la Alemania del Este cruzaron el antiguo Telón de Acero: Una breve recesión y luego una fuerte recuperación. La gran diferencia es que España no tendrá que invertir miles de millones para reconstruir un país en quiebra (Cataluña), como sí que tuvo que hacer Alemania con la antigua Alemania del Este.

34. España (y otros países europeos) protegerán a sus ciudadanos en Cataluña, si es menester militarmente

Es la obligación de todos los estados proteger a sus ciudadanos en cualquier lugar del mundo, donde sea que estén. Una Cataluña independiente, por lo tanto, no podrá ser una excepción.

Como ya han señalado varios analistas, *"tras la independencia, veríamos a los nacionalistas e independentistas radicales erigirse como héroes victoriosos, y esos colectivos no se destacan precisamente por su respeto a la divergencia. Dependiendo de la cuota de poder que llegasen a alcanzar los más extremistas, podríamos ver situaciones (e incluso leyes) muy desagradables. También sería posible que el nacionalismo español más radical amargase la vida a los catalanes que permanecieran en España."*[79] Si esas palabras parecen excesivas, recordemos el trato que hoy día se está dando a quien no comulga con el independentismo o se niega a apoyarlo incondicionalmente.[80] ¿Alguien piensa que, una vez que no rijan las leyes españolas, este radicalismo estaría bajo control? ¿En un caso extremo, que no hubiese una como mínimo una persecución como la que padecieron los judíos en las etapas iniciales del nazismo?

El nacionalismo extremista en España contra catalanes residentes en nuestro país obviamente se topará con las leyes españolas, dado que España es una democracia que perseguirá cualquier agresión contra extranjeros. No obstante, teniendo en cuenta las restricciones que pueda haber de cara a la residencia y permisos de trabajo (ver capítulo 29), es de prever que el número de catalanes que permanezcan en España será bastante bajo, con lo que estas situaciones serán bastante infrecuentes y podrán fácilmente resolverse.

El caso inverso, en cambio, no es tan sencillo. Es previsible que el número de españoles en Cataluña sea muy alto, quizás hasta un 30-40% de la población debido a que España forzará a elegir entre la

---

[79] http://hayderecho.com/2012/11/24/catalonia-year-0-cataluna-ano-0/

[80] http://ccaa.elpais.com/ccaa/2014/10/08/catalunya/1412801856_579850.html

nacionalidad española o la catalana (ver capítulo 24). Es muy probable que una parte muy significativa, posiblemente mayoritaria, de los que voten "no" a la secesión elijan la ciudadanía española frente a la catalana para protegerse frente a la incertidumbre de una secesión que ellos no han querido. Después de todo, siempre tendrían más tarde la posibilidad de solicitar la ciudadanía catalana en el improbable caso de que las cosas fueran bien para el nuevo país.

Pero un porcentaje tan alto significa también millones de ciudadanos españoles en Cataluña (frente como mucho unas decenas de miles de catalanes en España). Si el nuevo país se radicaliza hasta el punto de tomar medidas extremas contra los españoles en su territorio, España estaría también obligada a tomar represalias contra el nuevo estado, en un caso extremo (por ejemplo, si estuvieran en peligro sus vidas) incluso estando obligada a una intervención militar conforme al derecho internacional.

Además, hay que tener en cuenta que los nacionalistas catalanes ya han estado amenazando con represalias contra los países que no estén dispuestos a ceder a sus exigencias, por ejemplo contra las más de 700 empresas alemanas o más de mil francesas establecidas actualmente en Cataluña y contra sus ciudadanos si estos países no apoyan su ingreso en la UE.[81] Los fanáticos que proponen estas medidas no son conscientes de que no se puede chantajear impunemente a países tan grandes sin que haya consecuencias, y no sólo económicas. Estos países (especialmente Francia) desde luego que no esperarán cruzados de brazos si el estado catalán agrede a sus ciudadanos. Un movimiento de España para proteger a sus ciudadanos sería muy probablemente secundado por los principales países de la UE, que estarían igual de preocupados por un estado tan radical. Pocas seguridades para sus propios ciudadanos iban a esperar de quien estuviese agrediendo a una población tan numerosa como la española.

---

[81] http://www.nabarralde.com/es/catalunya/12448-hector-lopez-bofill-qla-viabilidad-de-un-estado-propio-en-el-contexto-europeo-e-internacional-cataluna-y-escociaq

35. Los productos catalanes pagarán derechos de importación

Si Cataluña es un país externo a la UE, obviamente tendrá que pagar derechos de importación por los productos que quiera comercializar en la UE, incluyendo España. Obviamente los productos españoles y europeos tendrían que pagar derechos de importación en Cataluña, pero las balanzas fiscales no le van a cuadrar al Sr. Mas y todos los que jalean la independencia.

¿Por qué? Veamos las balanzas comerciales: Cataluña vende por valor de 49.389 millones de euros al resto de España, pero sólo compra por valor de 26.704 millones de euros. Es decir, hay un superávit para Cataluña de comercio con España de 22.685 millones de euros.[82] Pero ello significa también que sólo con España las empresas catalanas tendrán que pagar casi **el doble de impuestos de importación** que lo que recaudará por el mismo concepto el estado catalán. Suponiendo un modesto impuesto de importación del 20% por ambas partes, ello significa que Cataluña le tendrá que pagar a España 4.537 millones de euros cada año en impuestos de importación, simplemente para mantener el comercio actual.

Pero hay que tener en cuenta que este impuesto de importación también incrementará los costes de los productos catalanes, concretamente en el importe de ese impuesto de importación. De pronto, los productos catalanes en España valdrán un 20% más (y los españoles lo mismo en Cataluña). ¿Cómo de competitivos serán entonces esos productos catalanes? No mucho; muy pronto habrá fabricantes españoles que antes no podían competir con los catalanes –por ser más caros— que cubrirán ese hueco al ser más baratos que las importaciones catalanas. Es muy previsible que ese intercambio total de 76.000 millones de euros entre España y Cataluña baje drásticamente. Será muy problemático para muchos fabricantes españoles, pero será dramático para la mayoría de las empresas catalanas. Después de todo, España seguirá siendo cinco veces más grande que Cataluña después de la secesión. Y lo peor es

---

[82] http://www.c-intereg.es/docs/inf_complementaria/Cataluna.pdf

que no se trata sólo de España. El mismo caso se dará con el comercio europeo.

Hay que tener en cuenta que la UE tiene unas "Normas de Origen", que imponen un arancel a toda importación que tenga elementos que procedan de fuera de la UE. Cataluña, al estar fuera de la UE, tendría por lo tanto que pagar aranceles para vender sus productos en Europa, España incluida.

La objeción obvia es por qué debe haber impuestos de importación; ciertamente, se podría negociar con la UE la rebaja e incluso eliminación de estos aranceles, teniendo en cuenta que los acuerdos de este tipo no exige unanimidad en la UE sino que basta una mayoría cualificada. Hay países que tributan un arancel de sólo el 8,9% e incluso que no pagan aranceles en absoluto (al menos para algunos productos), como los miembros del AELC.

Esto es correcto, pero la burocracia europea es lenta. Haría falta negociar un tratado de nación preferente, y eso en el mejor de los casos llevará años, incluso aunque se empezase la negociación antes de la independencia. Aun así, no hay ninguna garantía de que se eliminasen esos aranceles. Noruega, por ejemplo, que comercia con la UE desde hace muchos años, no ha logrado eliminarlos. Para cuando se aprobase, ya habrán quebrado miles de empresas.

Y este acuerdo de rebaja o supresión de aranceles es suponiendo que hubiese una mayoría cualificada de los miembros de la UE al respecto, que no es nada seguro. En este caso no se trataría de países que quisieran rebajarles los humos a sus propios nacionalistas (que también); no, en este caso se trataría de países (incluso países grandes) que actualmente compiten sin éxito contra productos catalanes y que estarían encantados de impedirle el acceso a Cataluña al mercado europeo, a fin de promocionar sus propios productos.

No se trataría siquiera de España. Por ejemplo, a Francia no le disgustaría nada impedir el acceso del cava catalán para poder vender más champagne. ¿Y cuántos fabricantes de coches estarían deseando que los que se fabrican en Cataluña de pronto sean (como poco) un 20% más caros? ¿Cuántos sindicatos no intentarían que volviesen las factorías que se llevaron a Cataluña porque era más competitiva? ¿Hablando todos ellos con sus respectivos gobiernos para que torpedeasen cualquier negociación con los catalanes? ¿Por qué creen que SEAT y Volkswagen-Audi están preparando su marcha en caso de secesión? ¿Por qué Freixenet y Codorníu se están instalando en Aragón?[83]

Hay algún nacionalista, como el profesor Jordi Gali[84] que sin sonrojarse declara que *"la UE sería la primera interesada en preservar la reciprocidad en estos derechos delibre circulación de mercancías, trabajadores y capitales, dada la importancia cuantitativa y cualitativa del mercado catalán y la presencia de un gran número de empresas europeas con base en Cataluña (sin olvidar la contribución neta de esta a las arcas comunitarias)".* Esto, de nuevo, son las típicas ensoñaciones de los nacionalistas que se creen la madre de Tarzán y que por lo tanto el mundo va a girar a su alrededor. Aparte de que, como se ha señalado en el capítulo 20, habría mucha oposición en la Unión Europea, la nueva nación será un mercado minúsculo y su peso económico bajaría dramáticamente debido a las muy previsibles deslocalizaciones (ver capítulo 59). En cuanto a la "contribución" de ese pequeño estado, no bastaría ni para mantener la burocracia de Bruselas durante un solo día.

Otros nacionalistas dicen que por supuesto Cataluña estaría en el área de libre circulación de bienes porque *"la UE tiene pánico a otra Noruega".*[85] Es decir, que tiene miedo a un país que no tenga que cumplir la normativa europea pero compita con las demás naciones europeas por tener acceso a la libre circulación de bienes, servicios y capitales en Europa. De nuevo, no han hecho sus deberes. Noruega puede comercializar sus bienes en la UE porque pertenece al AELC (ver más adelante) y estos listos no tienen en cuenta que si la UE "no quiere otra Noruega" lo más sencillo es precisamente **excluir** a Cataluña de dicho mercado. Al menos reconocen que la prosperidad de los catalanes es *"el hecho de disponer de libre circulación de personas,*

---

[83] http://www.alacartaparados.es/freixenet-y-codorniu-se-instalan-en-aragon/

[84] http://elpais.com/elpais/2013/10/08/opinion/1381229276_518709.html

[85] http://www.nabarralde.com/es/catalunya/9156-cataluna-iun-estado-de-europa-o-de-la-ue

mercancías, servicios y capitales."

Si alguien piensa que en Europa no van a utilizar los aranceles para quitarse de encima a un competidor, o es un ingenuo o es tonto de capirote. Y nadie se va a preocupar demasiado por perder un mercado de 7,5 millones de personas (Cataluña) a cambio de dominar un mercado de más de 500 millones (Europa).

Un truco que podría intentar Cataluña es intentar ingresar en la Asociación Europea de Libre Cambio (AELC, conocida en sus siglas en inglés EFTA), actualmente formada por Suiza, Noruega, Islandia y Liechtenstein. Esta mantiene un acuerdo con la UE para participar en su mercado interior conocido como el Espacio Económico Europeo. La AELC sólo paga algunos aranceles, y a niveles menores que terceros países. Pero de nuevo se toparía con el problema que, si la UE o algunos de los miembros pusiera "pegas" a dicho ingreso, la AELC pondría en riesgo su propio acuerdo comercial con Europa. No es previsible que estos países estén dispuestos a arriesgar sus economías por un país que ni les va ni les viene.

Es decir, que es prácticamente imposible que Cataluña no termine pagando aranceles para vender sus productos en España o el resto de Europa, y la libre circulación de bienes en Europa es una simple quimera.

Hay algunos nacionalistas que han dicho que podrían ser mucho más competitivos, rebajando sus costes hasta un 50% para evitar el impacto de esos aranceles. En un artículo claramente proindependentista, se reconoce que sólo para compensar las ventas debidas a un posible boicot de España tendrían que bajar los precios una media del 25%.[86] Es razonable suponer que, efectivamente, para compensar el efecto combinado de la reducción de ventas a la UE (España incluida) y los aranceles impuestos, la rebaja debiera ser del 50%.

La pregunta obvia es que si los catalanes pueden rebajar los costes en un porcentaje tan alto ¿por qué no lo han hecho ya para

---

[86] http://ambindependencia.cat/es/dos-mas-dos-son-mil-los-efectos-comerciales-de-la-independencia/

aumentar sus beneficios? La respuesta evidente es que esa rebaja sería a costa de los beneficios de las empresas o de los salarios de los trabajadores. Eso, naturalmente, los nacionalistas se lo callan.

36. España no avalará licencias de importación/ exportación existentes para empresas catalanas

Una cosa que mucha gente desconoce es que hay múltiples productos que están regulados y que requieren tener unas licencias de importación/exportación para poder comerciar con ellos. Son los productos denominados sujetos a control de exportación. En algunos casos la licencia es un permiso para que un país pueda importar esos productos, en otros autoriza la exportación de esos productos a un país receptor. Aunque las licencias las suelen tener normalmente las empresas, suelen estar basadas en un acuerdo bilateral o multilateral entre países que permite el tráfico internacional de esos productos.

Un ejemplo es el armamento, que normalmente está sometido a la reglamentación internacional del tráfico de armas, conocida como ITAR por sus siglas en inglés. Los permisos suelen ser de importación y de exportación, y —en caso de funcionar como intermediario— suelen exigir también un certificado de último destino, que debe ser un país que también posea esa licencia de importación.

Otro ejemplo son por ejemplo los materiales de doble uso (es decir, que se pueden utilizar para aplicaciones civiles y militares). Estos también tienen restricciones en cuanto a quiénes pueden comerciar con ellos y a dónde se pueden exportar, y normalmente son productos de muy alta tecnología, desde chips electrónicos y ordenadores hasta centrifugadoras. Un país que carezca de esos permisos simplemente no puede adquirir ese material.

Pero los productos de uso controlado no están limitados al ámbito militar. Un tercer ejemplo son los productos químicos o los fármacos, cuya importación, exportación y distribución está férreamente controlada por los estados.

Una Cataluña independiente obviamente no tendría suscritos todos los acuerdos bilaterales que tiene actualmente firmados España, y, a diferencia de los tratados internacionales que puedan estar cubiertos por el Convenio de Viena, los acuerdos bilaterales no serían "heredables" y por ello Cataluña no podría adherirse a ellos.

Ello es debido a que estos acuerdos son sólo entre dos partes, y no está contemplado que se pueda unir una tercera.

La consecuencia evidente es que Cataluña no podría por lo tanto dar a sus empresas la posibilidad de obtener estas licencias de importación/exportación al no estar entre los países "aprobados", incluso si las empresas en cuestión hubiesen tenido ese tipo de licencias con la aprobación del Estado español. Para ello debería suscribir uno a uno estos acuerdos bilaterales con todos los países con los que España tiene acuerdos de este tipo. Suponiendo que los países en cuestión estuviesen por la labor —que en caso del material más sensible sería más que dudoso, especialmente al principio, desconociéndose cuál sería el comportamiento y alianzas de una Cataluña independiente—, su negociación llevaría como mínimo años, y en algunos casos hasta décadas, como le ha ocurrido a España. No sólo no podría importar esos productos, sino que sus empresas ni siquiera podrían comerciar con ellos en terceros países.

Dado que estos productos regulados suelen ser de muy alta tecnología, necesarios para la producción para muchos componentes tecnológicos (por ejemplo, las denominadas "tierras raras", a menudo catalogadas como "materiales estratégicos") o ser simplemente imprescindibles (drogas o medicamentos sofisticados), esto tendrá un impacto directo en la industria e incluso en el consumidor catalán, que no podrá acceder a este tipo de productos.

Que esto no es un escenario fantasioso se puede ver por el hecho que por ejemplo ya hay empresas farmacéuticas (uno de los productos sujetos a regulación) que ya han realizado estudios de cómo les impactaría una eventual independencia.[87] Y la conclusión es que no sólo perderían esas licencias, sino que sería una locura intentar una distribución desde Cataluña debido a los problemas que ello les supondría. Léanse el informe, no tiene desperdicio.

¿Podría España dar cobertura a las licencias de las empresas catalanas que al día de hoy poseen esas licencias? La respuesta es que no, puesto que en ese caso violaría los tratados que ha firmado y que

---

[87]   http://www.eurofarma.es/documentos/import.ps.situacion.catalana.pdf

son muy claros que esas licencias sólo se pueden otorgar a empresas españolas establecidas en España, como es normal en este tipo de tratados. Para que una empresa catalana pudiera seguir operando con esas licencias debería trasladar su sede a España y realizar allí sus operaciones. Es decir, una deslocalización completa de la empresa. Que, por cierto, no podría exportar tampoco legalmente a Cataluña puesto que su licencia no se lo permitiría.

37. Los catalanes pagarán impuestos por las importaciones

Al igual que los productos catalanes tendrán que pagar derechos de importación al intentar vender sus productos en otros países, los productos extranjeros que se vendan en Cataluña (españoles u otros) tendrán que pagar impuestos de importación allí.

Hay varias razones para ello. En primer lugar, el nuevo estado necesitará desesperadamente esos ingresos al encontrarse con un déficit brutal. Tal y como se señala en otra parte de este libro, los 16.000 millones de euros del "España nos roba" son en realidad el producto de un truco contable[88,89] sin que existan realmente, como han señalado hasta publicaciones catalanas que se preguntan si de verdad "sale a cuenta" la independencia.[90] Y es que lo malo de esas ficciones es que no se hacen realidad, y los gastos "de verdad" no van a desaparecer. Guste o no guste, el estado catalán tendrá que establecer unos impuestos de importación para poder sanear un poco sus finanzas.

Una segunda razón es que, puesto que los productos catalanes pagarán derechos de importación en otros países, sería muy estúpido no hacer lo mismo con lo que se importase de esos países — después de todo, en una futura negociación para bajar los aranceles el otro país no tendría ningún incentivo en bajar los suyos si Cataluña no tuviese aranceles propios.

La tercera razón es que, tal y como se indica en el capítulo 39, Cataluña padecerá inicialmente un déficit comercial brutal. Una manera de atajar ese déficit es reducir las importaciones, y la manera de hacerlo es poner aranceles que disuadan a los compradores de productos importados.

---

[88] http://www.libremercado.com/2013-05-23/cataluna-maquilla-la-balanza-fiscal-para-justificar-su-espana-nos-roba-1276490899/

[89] http://ccaa.elpais.com/ccaa/2013/05/22/catalunya/1369253813_648653.html

[90] http://www.vozbcn.com/2012/11/15/134473/nos-sale-cuenta-independencia/

¿Cuál será la consecuencia de estos aranceles? Pues es muy sencillo: Efectivamente, las importaciones bajarán. Pero también bajarán los productos disponibles, puesto que se limitarán principalmente a los que pueda producir la propia Cataluña, dado que las importaciones se volverán de pronto mucho más caras.

Lo peor para el consumidor, sin embargo, es que subirán los precios. Con unos aranceles del 20% los precios de los productos importados subirán por lo tanto un 20%. Lo malo es que esta subida será vista por las empresas locales como una oportunidad de hacer negocio, y por lo tanto subirán también sus precios. Por ejemplo, si un producto importado también se fabricase en Cataluña, sería irresistible para el fabricante aumentar su precio por ejemplo un 10%. Seguiría siendo más barato que el producto importado y aumentaría sus beneficios (a costa del consumidor, claro).

El resultado, en consecuencia, sería una fuerte inflación, lo que haría sus productos menos competitivos y también perjudicaría significativamente el turismo.

38. Cataluña estará fuera del euro

"Fuera del euro" significa que no será uno de los países que han adoptado el euro oficialmente, puesto que ya no pertenecerá a la Unión Europea. Ello, sin embargo, no significa que no pueda seguir usándolo como algunos han señalado acertadamente.[91]

Los nacionalistas, en ese sentido, dan mensajes contradictorios: Por ejemplo, en una entrevista en TV3 tenemos a Xavier Sala i Martín diciendo (minuto 18) que *"tal vez tampoco es tan mala idea salir del euro porque, hoy en día, los países que tienen problemas en el mundo mundial (sic) son los que están ligados al euro"*[92]. Pero cuatro meses antes decía que la salida de España del euro sería *"catastrófica".*[93] Como para fiarse de esos tíos.

Es obvio que Cataluña puede seguir renunciar a tener una moneda propia y seguir usando el euro. Hay países que tienen su moneda ligada a otra moneda más fuerte, o incluso usan la moneda de otro país. Ahora bien, no tendrán absolutamente ninguna influencia sobre la política monetaria europea. Como ha señalado la Comisión Europea, los países que asumen el euro como divisa pero no son miembros de la Unión, no tienen derecho de voz ni voto en órganos de decisión como el Eurogrupo o el Banco Central Europeo (BCE).[94]

Su estatus sería por lo tanto equivalente al de Andorra, Mónaco o el Vaticano. Estos territorios no son parte de la eurozona, pero tienen derecho a utilizar el euro como su divisa y pueden acuñar moneda a cambio de la obligación de adoptar la legislación mone-

---

91 http://www.elimparcial.es/noticia/128441/opinion/Puede-Cataluna-usar-el-Euro?.html

92 http://salaimartin.com/mass-media/television/915-seria-economicament-viable-una-catalunya-independent-a-divendres.html

93 http://videos.lavanguardia.com/20120627/54316505232/sala-i-martin-espana-salir-euro.html

94 http://ultimahora.es/mallorca/noticias/nacional/2013/108798/catalunya-independiente-asumiria-euro-como-moneda-pero-voz-voto-ue.html

taria y financiera de la zona euro, lo que al menos en los inicios podría ser bastante complicado para la nueva nación. De hecho, el Consell Assessor per a la Transició Nacional (CATN) ya está planteando un "acuerdo monetario" parecido al que tiene esos países.[95]

No obstante, para obtener este "status" oficial, sería necesario que los 17 países de la Eurozona estuviesen de acuerdo, lo que no es probable. Angela Merkel ya dijo en su día que fue un error permitir el ingreso de Grecia en el euro. No es nada probable que fuese más amable con una Cataluña que nacería ya casi en la bancarrota. Convencerla a ella y a las demás naciones afectadas que Cataluña sería un socio fiable se antoja muy difícil.[96] Y eso suponiendo que España no se opusiera a ese acuerdo, que es lo más probable.

Sería posible evitar esas obligaciones de la UE, que podrían ser bastante onerosas para un país que ya de por sí va a tener muchos problemas económicos, e incluso un posible veto. Por ejemplo, eso es lo que hacen Kosovo y Montenegro, dos países que decidieron unilateralmente adoptar el euro como moneda. Ahora bien, al igual que ellos, Cataluña se vería obligada a adquirir la divisa a través de bancos comerciales. Suponiendo, claro, que tenga crédito para ello.

En cualquier caso, el mantener el euro supone que Cataluña renunciará expresamente a tener una política monetaria propia con las dificultades económicas que ello suponga, sea por verse obligada a seguir políticas monetarias impuestas por la UE que no le convengan (primer caso) o por tener que adquirir una divisa a través de una banca comercial que no tendrá ningún interés especial en el nuevo país, salvo exprimirle todo lo que pueda (segundo caso). Sin ir más lejos, los préstamos se encarecerían significativamente. Algo parecido hizo Argentina ligando su moneda al dólar, y ya sabemos cómo terminó esa aventura.

---

[95] http://www.abc.es/espana/20140930/abci-asesores-generalitat-201409292155.html

[96] http://www.libremercado.com/2013-09-15/cual-seria-la-moneda-de-una-cataluna-independiente-1276499275/

Aunque hay quien ha propuesto una moneda complementaria al euro en vez de una moneda totalmente autónoma,[97] no está nada claro que esa moneda complementaria pueda existir sin una moneda nacional propia (como es el caso del WIR suizo) ni si ésta sería aceptada por los mercados financieros. De hecho ese tipo de moneda ya existe en Cataluña[98] pero no ha sido precisamente un éxito.

La alternativa, tener una moneda nacional propia, le permitiría tener esa flexibilidad de la que carecería con el euro. Lo malo es que esta alternativa también tiene inconvenientes. Es más que probable que esa moneda se devaluase inmediatamente debido a las incertidumbres del nuevo país. Aunque ello mejoraría la competitividad de los productos catalanes, también borraría de un plumazo una parte significativa de la riqueza de las personas y empresas catalanas y la mera sospecha de una devaluación aceleraría la fuga de capitales.

Hay economistas que calculan que una moneda catalana podría perder alrededor entre un 20 y un 30% de su valor en los primeros meses, el Instituto de Estudios Económicos (IEE) opina que la devaluación podría incluso superar el 50%.[99] Lo malo es que la deuda catalana está en euros, y cualquier devaluación aumentaría la deuda catalana en un porcentaje equivalente. Incluso un mero aumento del 20% de la deuda, por muy competitivo que haga los productos catalanes, sería catastrófico para ese país.

Lo curioso es que la posibilidad de una moneda propia es tajantemente descartada por muchos independentistas catalanes, que dan por cierto que Cataluña seguiría en el euro y que especulan con que la que se saldría del euro sería ¡España![100] Ante tales ensoñaciones uno no sabe si reír o llorar.

---

[97]   http://www.eldiario.es/catalunya/catalunyaeuropa/Cuenta-moneda-catalana-complementaria-Euro_6_246085402.html

[98]   http://www.20minutos.es/noticia/1774218/0/1200-catalanes/se-autogestionan-con/moneda-educacion-sanidad-propia/

[99]   http://www.expansion.com/2013/09/24/economia/politica/1379976719.html

[100] http://ambindependencia.cat/es/estado-propio-y-euro/

39. Cataluña venderá menos en España y la UE

Cataluña vende al día de hoy por valor de 143.050 millones de euros. 38.136 millones de euros son ventas internas en la propia Cataluña (26,7%). Ahora bien, 49.389 millones (34,5%) proceden del comercio con el resto de España y, como hemos dicho en el capítulo 35, esto genera un superávit de 22.685 millones de euros a favor de Cataluña.[101]

Para hacerse una idea de lo que esto supone, en el año 2010 Cataluña vendía más a Murcia (1.917 millones de euros), con tan sólo un millón de habitantes que a EE.UU. con sus 316 millones de habitantes (1.411 millones de euros). Castilla y León, región de 2 millones y medio de habitantes, compraba a Cataluña por valor de 2.373 millones de euros, cinco veces más que los 430 millones exportados a Japón, cuarta economía del mundo con 127 millones de habitantes. Andalucía compraba por valor de 7.772 millones de euros, es decir, **cuatro veces más que EE.UU. y Japón juntos**.

Es obviamente de un optimismo exagerado pensar que el comercio seguirá igual después de la separación. En ese sentido hay cuatro razones principales para un hundimiento de las ventas.

La primera razón es obviamente un boicot inicial de los españoles a los productos catalanes. Los nacionalistas le dan poca importancia a esa posibilidad, diciendo que tendrá un impacto de "sólo" el 23% y que será sólo temporal hasta que los españoles vuelvan a comprar productos catalanes por su calidad al cabo de unos años. Pero ya de entrada están admitiendo una **caída mínima de ventas de 11.360 millones de euros**, que no es moco de pavo.

Tampoco clarifican si serán las empresas o los particulares los que "apechuguen" con esta bajada, e ignoran olímpicamente las quiebras de empresas que ello conllevará, además de menores impuestos recaudados al bajar la actividad económica. Recordemos que cuando una empresa quiebra no se recupera —simplemente deja de existir y sus empleados terminan en el paro. En ese caso, las

---

[101] http://www.c-intereg.es/index.asp

ventas nunca se recuperarán.

En cuanto a la temporalidad de esta caída, es dudoso que sea sólo temporal —habrá muchas empresas españolas que no dudarán en ocupar el nicho de mercado, enarbolando incluso la bandera de "comprar español" frente al "comprar catalán". Los productos catalanes tendrán que competir de pronto en un mercado del que habrán sido expulsados, y además con el sambenito de ser "extranjeros que nos odian". De hecho, cuando el "boicot del cava", muchas empresas catalanas tuvieron que "españolizarse" debido a que si no habrían quebrado.[102] Recuperar ese mercado perdido, incluso en caso de poder volver a la UE, sería labor de muchos años, si no décadas.

La segunda razón es el "efecto frontera". Al día de hoy, Cataluña —como parte de España— es miembro de la Unión Europea. Pero, a pesar de ello, las ventas al resto de España superan varias veces las exportaciones a Francia o a Alemania, países mucho más grandes y con un PIB mucho mayor. El hecho de haber una frontera implica que hay menores ventas. Las ventas catalanas en España son mucho mayores que a otros países de la Unión Europea debido a que no existe frontera con España. De hecho, ¡en 2007 las exportaciones de Cataluña a Aragón eran **tres veces** superiores a todas las exportaciones al Reino Unido, que tiene 47 veces más población!

El hecho que la separación crea un efecto frontera no es teoría. El comercio bilateral entre la República Checa y Eslovaquia en los años posteriores al "Divorcio del Terciopelo", en 1993, cayó un 75%, y eso a pesar de que la separación fue amistosa y había una unión aduanera.[103] Las experiencias con otros países del Este muestran caídas entre el 50 y el 75%. Por ejemplo, los intercambios entre Lituania y Letonia (que hicieron piña para salirse de la URSS) al día de hoy son un 55% menores. La reducción de los intercambios entre Croacia y Eslovaquia (que fueron de la mano para

---

[102] http://www.alertadigital.com/2012/10/15/las-llamadas-al-boicot-ya-hace-estragos-en-muchas-empresas-catalanas-que-estan-optando-por-espanolizar-su-origen/

[103] http://nadaesgratis.es/?p=12599

dinamitar Yugoslavia) supuso un 61%. ¡Y estas fueron las separaciones "amistosas"!

Un artículo en el Financial Times[104] explica que sólo la reducción del comercio **con España** supondría un aumento del déficit comercial de Cataluña hasta el 13% del PIB (es decir, 25,000 millones de euros) y el propio PIB se reduciría en un 7% (13.500 millones de euros). Esta cifra es corroborada en La Vanguardia,[105] nada sospechosa de estar vendida a los intereses españoles. ¡Y este impacto es **sin** considerar la reducción de ventas con el resto de Europa!

El "efecto frontera" que crearía un nuevo país impactaría muy seriamente en el comercio catalán, tal y como se puede ver en diferentes estudios sobre comercio regional e internacional de Cataluña[106]. Obviamente este efecto frontera también impactará en España, pero en mucha menor medida puesto que nuestras ventas a Cataluña son mucho menores y nuestro comercio con la UE no se vería afectado. Además, el hecho de que empresas españolas cubran las actuales importaciones de Cataluña debido a su menor precio haría que el impacto sería mucho menor. Algunos estudios, considerando el efecto frontera con Portugal, estiman que el impacto sobre Cataluña supondría en el **mejor** de los casos una pérdida del 80% de las ventas al resto de España, con una reducción del PIB catalán entre el 10,5% y el 12,8%.[107]

Los nacionalistas obviamente desprecian el efecto frontera diciendo que "porque el comercio con Portugal sea un 80% menor que con Cataluña, ello no significa que de pronto Cataluña no vaya a vender un 80% menos". Sin embargo, siguen sin explicar la enorme diferencia con el comercio con Francia (¡que tienen al lado!) ni las experiencias de casos reales donde un país se ha dividido. También

---

[104] http://www.ft.com/intl/cms/s/0/f7428174-96de-11e0-aed7-00144feab49a.html#axzz1QTXK1J2S

[105] http://www.lavanguardia.com/opinion/temas-de-debate/20110619/54173814685/el-precio-de-una-frontera.html?page=1

[106] http://www.iese.edu/research/pdfs/DI-0802-E.pdf

[107] http://www.revecap.com/revista/numeros/64/pdf/camerford_myers_rodriguez.pdf

ignoran que la Universidad de Stirling y de Edimburgo[108,109] han realizado un estudio sobre el efecto frontera respecto a una posible Escocia y Cataluña independientes que dice lo contrario. Se conoce que la fe vale más que los números. En cambio, otros economistas predicen que el efecto frontera supondrá nada menos que un 34% de paro en Cataluña.[110]

La tercera razón es que, al pagar aranceles, los productos catalanes serían mucho más caros, y por lo tanto serían menos competitivos. Es difícil calcular cuál podría ser el impacto de esta reducción, pero es razonable suponer un mínimo de 20% de reducción de las exportaciones a Europa (excluyendo España, donde la caída sería mucho mayor por las razones anteriores).

Una cuarta razón es que la deslocalización de empresas catalanas (ver capítulo 59) obviamente reduciría también el comercio. Suponiendo una modesta deslocalización del 25% de las empresas, ello supondría la friolera de 36.000 millones de euros en ventas, de las cuales 26.000 millones en reducción de exportaciones.

Sin embargo, es muy probable que el porcentaje de empresas multinacionales que operan en Cataluña que se fuera a España fuera muchísimo mayor, teniendo en cuenta que ninguna querría quedarse en el exterior de la Unión Europea, perdiendo un mercado de 500 millones para quedarse con un mercado de menos de 8 millones. Dado que las exportaciones de las multinacionales, según datos de la propia Generalitat, supone el 40% de las exportaciones catalanas, ello significa que estamos hablando de nada menos que 55.525 millones de euros.[111] Estimaciones más conservadoras hablan de "sólo" 50.580 millones de euros, es decir, el 23,4% del PIB catalán.[112]

---

[108] http://www.sevirodriguezmora.com/papers/CvsR_Revise_v12.pdf

[109] http://www.sevirodriguezmora.com/papers/CvsR_slides_S.pdf

[110] http://www.cronicaglobal.com/es/notices/2014/10/los-efectos-de-la-secesion-caida-del-pib-aumento-del-paro-reduccion-de-las-pensiones-y-colapso-de-12375.php#.VEj_lAworNk.twitter

[111] http://www.eldiario.es/politica/Cataluna-independiente_0_50745045.html

[112] https://mikelbuesa.wordpress.com/2009/12/16/la-independencia-de-cataluna/

El argumento que oponen los nacionalistas es que hay países de tamaño similar (Irlanda, Holanda, Bélgica) que reciben inversiones. Eso es correcto, pero los tres países están dentro de la Unión Europea, y por lo tanto tienen un mercado abierto de 500 millones de personas, no un mercado excluyente de 7,5 millones de ciudadanos. Recordemos que simplemente ante la **expectativa** del referéndum, las inversiones extranjeras en Cataluña **se han reducido en dos tercios** (hasta el 34%) en el segundo trimestre de 2014 respecto al año anterior.[113] Esto significa que sólo en el primer semestre de 2014, Cataluña ha perdido 690 millones de euros en inversiones respecto al año anterior.[114] ¿Y alguien piensa que las empresas no se irían a otro sitio, por ejemplo a Madrid?

Incluso si un porcentaje pequeño de empresas se trasladase, ello tendría un importante efecto en el déficit comercial. Pero esa es la versión optimista. A las multinacionales les importa un rábano el patriotismo catalán, sólo les importa el dinero. Es muy probable que prácticamente todas se trasladasen a España o a Francia, y sería poco menos que imposible convencerlas para que volviesen, incluso si Cataluña lograse al cabo de unos años volver a la UE.

Otra cosa que no dicen los nacionalistas es que Cataluña importa de España 26.705 millones y 70.850 millones del resto del mundo cada año. Si su balanza de pagos tiene al día de hoy superávit es debido precisamente a los 22.685 millones de más que obtiene del comercio con el resto de España, puesto que el déficit con el resto del mundo es de 15.325 millones de euros. Al verse ese comercio y el comercio europeo muy perjudicados, añadido a una brutal deslocalización de empresas, el déficit comercial resultante sería brutal.

Dando por buenas las cifras del Financial Times y añadiendo las deslocalizaciones de empresas propias y multinacionales, es obvio

---

[113] http://www.expansion.com/2014/09/29/economia/1412020359.html

[114] http://www.eleconomista.es/interstitial/volver/208660942/economia/noticias/6236122/11/14/El-separatismo-cuesta-ya-a-Cataluna-690-millones-en-caida-de-inversiones-.html#.Kku8bYr4bblraI3

que el déficit comercial se dispararía de forma brutal. No es fácil calcular la cifra, puesto que parte de las importaciones se irían con las empresas que se trasladasen. Suponiendo que se mantuviesen las importaciones a su nivel actual (que probablemente no sea realista debido al brutal impacto que ello supondría), el déficit comercial global se situaría por encima de los 50.000 millones de euros, alrededor de un 24% del PIB. Eso, para un país, es sencillamente insostenible. Obviamente se intentaría buscar exportaciones alternativas, pero eso no se conseguirá de un día para otro. De hecho, para compensar tal brutal caída el tiempo de recuperación llevaría como mínimo lustros, cuando no décadas.

Si alguien se ha mareado con tanta cifra, digamos simplemente que si desaparece **todo** el comercio entre España y Cataluña, dividiendo las respectivas ventas por sus respectivos habitantes, **el impacto es de 568€ por español y 6.585€ por catalán.** Es obvio quién se verá más impactado.

No es que nos importe a los españoles, nosotros tenemos nuestros propios problemas.

40. Las empresas catalanas que operen en España tributarán en España

Actualmente las empresas catalanas que operan en España tributan en Cataluña. Los ingresos del impuesto de sociedades, IVA, etc, que obtienen en toda España los pagan en Cataluña. Pero si en un momento determinado Cataluña es un país diferente, las empresas catalanas que tengan que operar en España tendrán que declarar esas operaciones en España, y pagar los impuestos correspondientes. Es decir, la venta de un producto catalán en España deberá suponer el pago del IVA en España. El beneficio de esa operación tributará en España. Sólo faltaría que un país extranjero captase los impuestos que cualquier empresa española o extranjera debe pagar por operar en nuestro país.

¿Cuál el impacto de esto? Suponiendo un 21% de IVA para los 49.389 millones de euros que Cataluña vende actualmente al resto de España, eso significa 10.372 millones de euros menos para Cataluña, puesto que se quedarían en España. Además, suponiendo unos beneficios del 10%, y unos impuestos del 25% sobre esos beneficios, las empresas catalanas deberán pagar 1.235 millones de euros anuales en impuestos a España. Es decir, la hacienda española ingresaría 11.607 millones de euros en total que al día de hoy entran en la caja catalana. Para hacerse una idea de lo que esto supone, esto es más de **un tercio** de los presupuestos de 2014 de la Generalitat. Nadie ha explicado cómo funcionará ese país con una reducción tan dramática de los ingresos.

Hay nacionalistas que dicen que bastaría que las empresas catalanas llevasen "el domicilio fiscal" a España (es decir, sólo una oficina) pero mantendrían sus operaciones en Cataluña. Esto es risible, puesto que deberían pagar aranceles de importación, y además pagar el IVA en España al realizarse allí la venta. Lo único que quizás lograsen reducir es el impuesto sobre el beneficio. Ahora bien, el resultado sería catastrófico. Suponiendo unos aranceles del 20%, en vez de pagar 11.607 millones, estas empresas pagarían entonces nada menos que 20.249 millones entre aranceles e IVA en España, más otros 1.235 millones en Cataluña. Aparte de que ello encarecería sus productos y los haría incluso menos competitivos, ¿alguien piensa de verdad que una empresa va a duplicar los impuestos que tiene que pagar por puro patriotismo?

Por supuesto que las empresas españolas que vendan en Cataluña deberán tributar por los mismos conceptos. Ahora bien, dado que el resto de España vende en Cataluña aproximadamente la mitad de lo que compra, el resultado neto es que Cataluña ingresará 5.331 millones de euros **menos** de los que recibe actualmente en impuestos.

Estas cifras, por supuesto, son optimistas, puesto que consideran que el volumen de negocio entre España y Cataluña se mantendría. Si cae el comercio entre los dos países un modesto 50% por el "efecto frontera", España recaudaría "sólo" 5.186 millones de euros **más** pero Cataluña recaudaría 8.469 millones de euros **menos** (10.038 millones menos en caso de caer el comercio un 75%). Echen mano de la calculadora, las matemáticas no mienten.

Mala suerte, eso es lo que tiene ser un país diferente.

41. Las pensiones de los ciudadanos catalanes las pagará Cataluña

Es obvio, ¿no? España no tiene por qué pagar pensiones a ciudadanos extranjeros. Pagará las pensiones de aquellos que vivan en Cataluña que hayan elegido la nacionalidad española, pero las de los ciudadanos catalanes las tendrá que pagar su propio país.

Recordemos que en 2013 Cataluña recibió 4.500 millones de euros en prestaciones y pensiones **más** de lo que aportaron al sistema sus cotizantes. Es decir, que ese dinero lo pusieron el resto de los españoles. Para colmo, resulta que la pensión media en Cataluña era un 3,3% más alta que en resto de España.[115]

El Consejo Asesor para la Transición Nacional declara que una Catalunya independiente estaría incluso *"en mejores condiciones"* que el estado español para garantizar un sistema de pensiones propio. Y, acto seguido, pide que las pensiones de los trabajadores que cotizaron en ambos territorios sea compartido por ambos estados.[116] ¡Y eso lo dicen los mismos que recomiendan no asumir la parte que le corresponde de la deuda española!

La Seguridad Social funciona en base a que los cotizantes de cada momento pagan las pensiones de los pensionistas de hoy. Las cotizaciones pasadas se han gastado. Al igual que los independentistas quieren dividir la reserva de la Seguridad Social en caso de secesión, también deberán asumir la totalidad de las obligaciones del estado con los ciudadanos que permanezcan en su territorio. Es decir, todas las pensiones de Cataluña. Hay que tener además en cuenta que si se hace un reparto, legalmente se reparte **todo** en base al saldo neto al día del reparto (caja de la seguridad social, pero también deuda, etc.), no en supuestos de lo que cada uno haya pagado de qué. No vale utilizar en unos casos un criterio y en otros uno diferente. Y si los nacionalistas insisten en liquidar en base a lo

---

[115] http://politica.elpais.com/politica/2013/10/28/actualidad/1382989970_654734.html

[116] http://www.teinteresa.es/espana/pensiones-Catalunya-pagaran-medias-Espana_0_1183683375.html

aportado, vamos a exigir también que se devuelvan el exceso de inversiones que se han hecho en Cataluña incluso durante la época de Franco.

Podría llegarse a un acuerdo de que las pensiones de los españoles que sigan viviendo en Cataluña la pagase España, pero en ese caso debería reducirse proporcionalmente el reparto de la caja de la Seguridad Social a lo realmente asumido por el gobierno catalán. Y por supuesto, España no soltaría ni un euro para las pensiones de los catalanes.

Si al día de hoy resulta que la Comunidad Autónoma catalana tiene un flujo de pensiones negativo (es decir, tiene que pagar más por las pensiones de lo que ingresa), pues eso no es problema de España. Sólo faltaría que los españoles les paguemos las pensiones a unos extranjeros en otro país, y además un 3,3% más que a nuestros propios pensionistas. Que suban los impuestos a los ciudadanos de Cataluña para pagar esas pensiones. O que reduzcan las pensiones para poder pagarles a todos o simplemente que no las paguen, a nosotros nos dará igual. De hecho, los españoles tendremos 4.500 millones de euros más para nuestro propio sistema de pensiones.

Habrá que ver si en ese caso las pensiones estarán garantizadas con un déficit tan brutal. De hecho habrá que ver si Cataluña reconoce las cotizaciones de la Seguridad Social, especialmente si se niega a asumir la parte de la deuda española que le corresponde y por lo tanto España se niegue también a distribuir la parte de la Caja de la Seguridad Social. No sería nada de extrañar que, ante un gasto financiero tan enorme —el doble de lo que piensa gastarse el estado catalán en Defensa— decidieran contar las cotizaciones desde el año de la independencia.

Es decir, que todas las cotizaciones pasadas dejaran de contar y como resultado se cancelasen todas las pensiones. Esto no es ficción, de hecho el CATN ya ha dicho en un informe *"Catalunya sólo asumirá la parte que proporcionalmente le corresponda en relación al periodo cotizado en el territorio catalán, mientras que el resto quedará en manos de España"*.[117] Será si España quiere, ¿no?

---

[117] http://noticias.lainformacion.com/espana/artur-mas-ya-sabe-todo-lo-que-tiene-que-hacer-para-conseguir-la-independencia_kE4Aedwn966e0bHqAh07t1/

Bueno, si los 1,7 millones de jubilados catalanes se quedan sin pensiones será problema de los catalanes, no nuestro.

42. España no pagará los fármacos ni la seguridad social ni el desempleo en Cataluña

En Cataluña hay 873.000 desempleados según la Encuesta de Población Activa; es decir, tiene un 24% de paro. Entre parados y jubilados suman 2,47 millones de personas, sobre un censo electoral de 5,2 millones. Ahora bien, tal y como se ha comentado ya en el capítulo 41, hay más que fundadas dudas que Cataluña pueda financiar la Seguridad Social.[118]

Por supuesto, el nuevo país deberá hacerse cargo de la Seguridad Social, en el mejor de los casos (si hay acuerdo en asumir la deuda que le corresponde, etc.) recibiendo una parte de la Caja de la Seguridad Social. En el peor de los casos (si no hubiese acuerdo), sin recibir ni un euro de España.

Ahora bien, la Seguridad Social no es sólo las pensiones. También tiene que hacerse cargo de las bajas de enfermedad, el desempleo y por supuesto el pago de los medicamentos. En este sentido no está de más recordar que la Generalitat le debe 220,9 millones de euros a las farmacias y empresas farmacéuticas.[119] Si la Generalitat no ha podido pagar siquiera esa miseria teniendo unos ingresos (según los presupuestos de 2014 de la propia Generalitat)[120] de 31.862 millones de euros, ¿cómo podrá pagar los medicamentos de los enfermos en caso de independencia **si no es capaz de pagar menos del 0,7% de sus ingresos**, a pesar de haber acaparado el 40% del FLA hasta octubre de 2014? ¿Podrá siquiera pagar en desempleo en caso de una deslocalización brutal de empresas, como se prevé en el capítulo 59? Recordemos que según algunos economistas, **una Cataluña independiente tendrá nada menos que 447.000 parados más**, es decir, el paro subiría un 50%, hasta el 4% de la población.[121]

---

[118] http://www.periodistadigital.com/politica/autonomias/2013/09/14/cataluna-independencia-nivel-vida.shtml

[119] http://www.eleconomista.es/espana/noticias/6135063/10/14/El-Generalitat-de-Cataluna-debe-ya-2209-millones-a-las-farmacias-tras-un-nuevo-impago-.html

[120] http://www15.gencat.net/ecofin_wpres14/02_llei.htm

[121] http://www.abc.es/catalunya/politica/20141023/abci-sociedad-civil-pronostica-

Ah, pero claro, es que hay otras prioridades: El famoso referéndum va a costar 12 millones de euros, pero para poder pagarlo bastará con dejar sin presupuesto a las residencias de ancianos, como ya ha hecho el Sr. Mas.[122,123] ¿Alguien cree que sus prioridades van a ser atender a los ancianos, pagar el paro o los medicamentos cuando tras la independencia todos los bancos del mundo le corten el crédito por ser insolvente (ver capítulo 63) cuando al día de hoy —que le financia el Gobierno español— no lo hace?

---

catastrofe-201410231309.html

[122] http://www.eleconomista.es/sanidad/noticias/6139223/10/14/La-Generalitat-deja-de-pagar-el-25-a-las-residencias-de-ancianos.html

[123] http://www.larazon.es/detalle_normal/noticias/7517561/mas-costea-la-consulta-pero-no-paga-a-las-residencias-de-ancianos#.Ttt1rU4KZAMV1wA

43. Los funcionarios pasarán a depender (y a ser pagados) por el gobierno catalán

Obviamente, España no tiene por qué pagar funcionarios de otro país. Aquellos funcionarios que opten por la nacionalidad española obviamente deberían poder optar a un traslado a una plaza en la Administración española. Eso sí, fuera de Cataluña, puesto que España no tendrá ninguna función administrativa en Cataluña (salvo quizás una embajada o un consulado). Si optan por permanecer en Cataluña perderán los derechos de ser funcionarios, y es cuestión de si la administración catalana quiere o no mantenerlos (que lo más probable será que no, puesto que serán "extranjeros".

En cuanto a aquellos funcionarios que opten por la nacionalidad catalana, obviamente perderán inmediatamente su condición de funcionarios españoles. España no admite extranjeros en su administración pública, y sería especialmente indignante que se pretendiese hacer una excepción a favor de aquellos que están dividiendo el país y que niegan ser españoles. Que los contrate la administración catalana, si puede.

Por cierto, al día de hoy la Generalitat tiene 224.635 funcionarios, y por lo visto no van a ser suficientes para el gobierno catalán.[124] Según el Consejo Asesor para la Transición Nacional (CANT) habría que echar primero mano de los **30.000 trabajadores** entre funcionarios, interinos y sustitutos que en la actualidad trabajan en Cataluña para la Administración Central.[125] Ello, obviamente, siempre y cuando éstos estuvieran por la labor y no aceptasen el traslado a otra región española. Teniendo en cuenta que sólo para la Hacienda catalana la Generalitat quería contratar 8.000 empleados,[126] es bastante dudoso que con sólo 30.000 trabajadores

---

[124] http://www.teinteresa.es/espana/Politicos-profesores-privado-Constitucion-catalana_0_1183683389.html

[125] http://www.ara.cat/politica/CATN-informes-transicio_nacional-ordenament_ARAFIL20140728_0002.pdf

[126] http://www.abc.es/espana/20140310/abci-cataluna-disena-hacienda-nacional-201403092007.html

adicionales la nueva nación pudiese funcionar normalmente.

En España, hay 2,52 millones de funcionarios públicos, de los cuales 558.802 pertenecen a la Administración Central y el resto a las autonómicas y locales.[127,128] Es decir, que hay un funcionario por cada 17 personas, o un 5,9%[129] (alrededor de un 16% de la población activa). Recordemos en ese sentido que sólo un 28% del total de funcionarios en España son trabajadores funcionariales "puros". El resto de los funcionarios, un 72%, son médicos, maestros, policías, militares, correos, etc.

Tengamos en cuenta que España es el cuarto país con **menos** funcionarios en Europa en relación a la población y está también por debajo de la media de la OCDE. Suponiendo una media igual a la española, nos sale que el número de funcionarios catalanes en una nación independiente rondaría los 442.000 entre administración central y local. Es decir, que el número de funcionarios se duplicaría. Teniendo en cuenta que sólo el ejército catalán constaría de 47.696 efectivos (ver capítulo 18), una cifra **de al menos 400.000 funcionarios** parece más que razonable.

Suponiendo sin embargo la cifra de sólo 400.000 funcionarios, y considerando que el gasto medio por empleado público en España es de 39.902€,[130] ello significa que el futuro gobierno catalán se va a gastar nada menos que 15.960 millones de euros sólo en los salarios de los funcionarios.

Ahora bien, esto es una cifra optimista. Los salarios medios de los funcionarios catalanes son más elevados. Y al que no se lo crea, que compare el salario medio de un Mosso[131] con el de un policía nacional. ¡Hay una diferencia de nada menos que el **40%!**[132]

---

127 http://www.expansion.com/2014/07/14/economia/1405367257.html

128 http://www.rtve.es/noticias/20140630/espana-hay-2551123-funcionarios-5-menos-enero-2012/964060.shtml

129 http://www.gurusblog.com/archives/realmente-tenemos-demasiados-funcionarios-en-espana/25/02/2014/

130 http://javiersevillano.es/empleados-publicos.htm

131 http://www.foroseguridad.net/mossos-esquadra/nomina-mosso-esquadra-escala-basica-t901.html

132 http://www.elconfidencial.com/espana/2012/10/29/los-mossos-el-bienpagado-

¿Es esta diferencia extrapolable a los demás funcionarios catalanes? Si consideramos que la "Hacienda catalana" iba a tener 8.000 funcionarios, con un coste de 450 millones de euros, nos sale un coste por funcionario de nada menos que 56.250€ de media. Es decir, un 41% más que la media nacional, que casa casi perfectamente con lo que cobran los Mossos de más respecto a otras policías.

Aplicando entonces esta corrección, en vez de utilizar la media nacional, es perfectamente lógico suponer que el coste de los funcionarios de un estado catalán estuviese cerca de los 22.000 millones de euros, o **un 11% del PIB catalán**. A menos, claro, que les bajen los salarios a los funcionarios. Echen mano de la calculadora y compruébenlo, las matemáticas no mienten.

---

ejercito-de-mas-ganan-un-40-mas-que-un-policia-nacional-108054

44. Habrá pasos fronterizos entre España y Cataluña

Quizás incluso una valla, al igual que hay entre Marruecos y Ceuta y Melilla. ¿Por qué? En primer lugar, porque Cataluña será un estado potencialmente hostil. En segundo lugar, porque las empresas catalanas tendrán que pagar impuestos de importación, y seguramente habrá un intento masivo de contrabando.

Pero la razón más importante es que España pertenece a la Unión Europea, incluyendo el espacio Schengen, y está legalmente obligada a controlar las fronteras para evitar la entrada de extranjeros indeseados de países que no pertenecen a la Unión Europea. Las fronteras de Cataluña con España y Francia serían fronteras con la UE, tal y como lo son las de Marruecos con Ceuta y Melilla, o las de Rusia con Finlandia.

Esto puede parecer un problema menor, pero agravará enormemente el "efecto frontera" que se menciona en el capítulo 39. Pero lo que no he mencionado es que, además, impactará significativamente en el tránsito de mercancías descargadas en el puerto de Barcelona o en el aeropuerto de El Prat. Aparte de que el aeropuerto estaría inicialmente desconectado del resto del mundo (ver capítulo 49), todas las importaciones a la UE que entran hoy día a través de Barcelona evitarían ese acceso, a fin de evitar los impuestos de importación que sufrirían (ver capítulo 35). Esas mercancías se desviarían hacia puertos españoles o franceses, quizás incluso italianos, que les evitasen problemas aduaneros y no es nada seguro que esos importadores volviesen si Cataluña consiguiese ingresar en la Unión Europea.

45. No habrá AVE ni trenes directos entre Cataluña y España, al menos inicialmente

Para que un tren catalán pueda pasar por vías españolas –o viceversa– es necesario un acuerdo entre los dos gobiernos, que de nuevo puede llevar meses (o años) en negociarse. Inicialmente podrá hacerse trasbordo entre un AVE catalán y un AVE español en el paso fronterizo, o hacerse un trasbordo de mercancías. Suponiendo que haya una estación en ese paso, claro. Si no la hay, primero habrá que construirla, lo que llevará también meses o años. Y habrá que acordar quién pone el dinero para hacerlo. Es bastante evidente que España no tendrá mucho interés en poner dinero para favorecer a un país que le haya perjudicado y con el que encima tenga (al menos inicialmente) un déficit comercial.

Si, para colmo, Cataluña se negase a asumir la deuda española que le corresponde, la colaboración entre los dos países será nula y los trenes catalanes simplemente no podrán entrar en España. Es posible que haya AVE hasta la frontera con España, pero ahí los viajeros se quedarán tirados sin más. Un vistazo al mapa muestra que un AVE español hasta la frontera catalana no sería económico (no hay ciudades importantes con las que enlazar), por lo que obviamente sería cancelado en ese caso.

46. Llamar a España desde Cataluña (y viceversa) se tarificará como llamada internacional

Entiéndanlo: Si Cataluña es un país diferente a España, se trata de una llamada internacional y por lo tanto las operadoras españolas estarán perfectamente legitimadas a cobrar por la llamada con tarifa internacional. Si eso supone hacer una conferencia para llamar al tío en Andalucía o al padre en Extremadura, pues eso es lo que hay... Teniendo en cuenta que el 70% de los catalanes tiene al menos un progenitor que no ha nacido en Cataluña, esto afectará a un mínimo de 5 millones de catalanes, y posiblemente otro tanto en España. Pero que llamen ellos.

47. Inicialmente no funcionará el correo entre Cataluña y el resto del mundo

Las oficinas de Correos entre los diferentes países funcionan en base a acuerdos basados originalmente en el Tratado de Berna del 9 de octubre de 1874 denominado originalmente Unión Postal General y a partir de 1878 Unión Postal Universal (UPU). A partir del 1 de julio de 1948, la UPU se convirtió en un organismo especializado de las Naciones Unidas.[133]

La UPU fija tarifas, límites máximos y mínimos de peso y tamaño, así como las condiciones de aceptación de la correspondencia, establece reglamentos aplicables a ésta, y a objetos cuyo transporte requiere preocupación especial, como sustancias infecciosas y radiactivas. Su lengua oficial es el francés y su sede se encuentra en la ciudad de Berna, Suiza. Actualmente cuenta con 192 países miembros.[134]

El primer problema que se va a encontrar Cataluña es que, dado que el UPU es una agencia de las Naciones Unidas, **el correo ni llegará a Cataluña ni podrá salir de Cataluña** mientras ésta no pertenezca a este organismo. Y esto, como se explica en el capítulo 22, unirse a la ONU puede tardar años o incluso décadas. Aunque pueda que existan oficinas de Correos en Cataluña, será imposible enviar cartas al resto del mundo, o recibir cartas desde cualquier otro país.

¿Ridículo? No lo es. Por ejemplo, Palestina, cuyo acceso ha sido bloqueado durante décadas por Israel y Estados Unidos, no es miembro de la UPU, como se puede comprobar en la página de miembros de dicha organización.[135]

¿Sería posible adherirse al UPU sin ser miembro de las Naciones Unidas? En realidad, según los estatutos de este

---

[133] http://www.upu.int/en/the-upu/the-upu.html

[134] http://es.wikipedia.org/wiki/Uni%C3%B3n_Postal_Universal

[135] http://www.upu.int/en/the-upu/member-countries.html#p

organismo, sí es posible. Pero para ello se requiere que al menos **dos tercios** de los 192 miembros del UPU voten a favor. Es decir, que se requiere una votación favorable de al menos 128 países. Si alguien piensa que va a ser sencillo convencer a 128 países (especialmente, si no se tienen relaciones con ellos) para que voten a favor, se puede llevar un buen chasco. En el mejor de los casos, puede llevar años. Palestina desde luego que no lo ha conseguido.

Es decir, un catalán que quiera enviar una carta o un paquete a un familiar en Aragón, Andalucía o a cualquier otra parte del mundo **deberá al menos inicialmente desplazarse a España y usar las oficinas de Correos españolas o acogerse a un servicio de paquetería privado.**

48. Inicialmente los catalanes no podrán conducir ni en España ni en el resto del mundo

Los conductores catalanes tendrán un problema para circular por el mundo: No tendrán inicialmente carné de conducir. Y no podrán utilizar los carnés españoles puesto que éstos se anularán y estarían cometiendo un delito de uso de documentación falsa (ver capítulo 25).

Es de suponer que el nuevo gobierno catalán convalidará los carnés de conducir españoles anulados por unos carnés catalanes, puesto que no sería factible volver a examinar a millones de conductores. No voy a entrar en si será gratis o no (aunque supongo que no, dadas las penurias económicas del nuevo gobierno), pero es lo lógico. Lo malo es que ese carné de conducir no será válido en ninguna parte hasta que se establezcan los correspondientes tratados bilaterales (con la Unión Europea y otros países).

Mientras se establecen esos tratados, los conductores catalanes deberán utilizar un permiso de conducir internacional si quieren llevar un vehículo fuera de Cataluña e incluso para alquilarlo. Lo malo es que, para poder expedir dicho permiso internacional, la nueva nación catalana tendrá que adherirse a un tratado internacional, en este caso el Convenio Internacional de Ginebra de 19 de septiembre de 1949 y la posterior Convención de Viena. De nuevo, llevará tiempo adherirse a esos convenios, y mientras tanto los catalanes no podrán conducir fuera de Cataluña puesto que sus carnés no serán válidos en ninguna parte y no podrán utilizar los carnés españoles anulados.

49. Inicialmente no habrá vuelos directos entre Cataluña y el resto del mundo

Puede que El Prat se transfiera al nuevo estado catalán, pero se necesita más que un aeropuerto para poder realizar vuelos. De entrada, Cataluña tendrá que establecer un sistema de control de tráfico aéreo por su territorio; España no tiene por qué ayudarle a hacerlo, y mucho menos gastarse el dinero para mover aviones catalanes.

Cataluña tendrá que hacerse miembro de Eurocontrol, contratar sus propios controladores aéreos, formarlos, y establecer toda la normativa que requiere la gestión de aviones. Esto es un proceso complejo, que llevará años. Además, deberá suscribir tratados con los países de su entorno para que se permita que los aviones catalanes con origen de o destino a Cataluña puedan sobre-volar esos territorios, además de tener que negociar derechos de aterrizaje con todos los países del mundo con los que se quiera comunicar.

Además, el mantenimiento de aviones debe estar debidamente regulado por una agencia de aeronavegabilidad (el INTA en España), que implemente los requisitos de EASA, la agencia de seguridad aérea europea, y EASA debe reconocer a esta agencia y sus procedimientos antes de que se autorice a que los aviones que se mantengan en Cataluña puedan volar en la Unión Europea. Algo parecido deberán hacer con la FAA americana.

Pero, se objetará, ¿no se aplicaría en este caso también la Convención de Viena? Aquí, de nuevo, la teoría es una cosa y la práctica otra. Porque, concretamente, los artículos 17.2, 18.3 y 19.3 dicen que el tratado no se aplicará cuando la aplicación del tratado fuese incompatible con el objeto y finalidad del tratado o cambiaría radicalmente las condiciones de su ejecución. La inexistencia de controladores aéreos, una agencia de aeronavegabilidad y un proceso que certificase que los aviones catalanes son mantenidos adecuada-mente cambiaría las reglas de la seguridad aérea, y eso sí es cambiar las condiciones de aplicación del tratado. Es decir, que todo eso debería estar bien establecido antes de que se pueda plantear siquiera que esos tratados entrasen en vigor.

Si alguien cree que todo eso es automático, se va a llevar un buen chasco. La seguridad en vuelo es algo muy serio y no son pocas las aerolíneas que no están autorizadas a volar hacia Europa por incumplir la reglamentación comunitaria.

Quizás esto no parezca muy dramático, pero recordemos que en 2013 Cataluña acogió a 15,5 millones de visitantes internacionales, el 25,7% del total español, e ingresó nada menos que 14.022 millones de euros.136 Ahora bien, prácticamente la totalidad del turismo llegó por avión o a través del AVE, y el aeropuerto del Prat es uno de los que más tráfico soporta de Europa. ¿Pero cuánto turismo recibirá Cataluña cuando El Prat no funcione, el AVE se haya desconectado (ver capítulo 45) y España esté poniendo pegas a quien quiera pasar la frontera? ¿Acaso alguien cree que quince millones de turistas van a venir en coche por la frontera francesa? ¿Y qué le va a suponer a Cataluña tener de pronto 14.000 millones de euros menos para su economía?

---

[136]http://cincodias.com/cincodias/2014/11/09/economia/1415540350_207077.html

50. Cataluña ya no accederá a los fondos del FLA y debería devolver los préstamos pendientes

En estos momentos, Cataluña es la comunidad autónoma que más ha pedido prestado al Fondo de Liquidez Autonómica (FLA). Entre enero hasta octubre de 2014, Cataluña recibió el **40%** de todos el dinero repartido entre las comunidades por este fondo de rescate,[137,138] es decir, **más del doble de lo que le correspondería por población o PIB**.

Obviamente, los fondos del FLA son sólo para las comunidades autónomas españolas. En el momento en que Cataluña no pertenezca a España, ya no tendrá derecho a acceder a esos fondos, y deberá devolver todos los fondos que se le hayan adelantado. Hasta la fecha de lanzamiento de este libro, Cataluña ha recibido la friolera de 40,000 millones de euros del FLA.

Además, hay que tener en cuenta que apelar al FLA le supone un importante ahorro en intereses a Cataluña, concretamente 1.745 millones de euros en intereses en 2015.[139] Este gasto se añadirá por lo tanto a los ya de por sí enormes gastos que se encontrará la nueva nación.

¿Que eso le causará un problema agudo de liquidez a una Cataluña independiente, hasta el punto que no podría (al menos inicialmente) pagar los sueldos de funcionarios, tal y como ha reconocido hasta Anna Simó,[140,141] portavoz de ERC? Eso no es problema de España. Si no pueden pagar las nóminas de los funcionarios y otras facturas, eso es problema de ellos, no nuestro.

---

[137] http://www.abc.es/economia/20140922/abci-cataluna-comunidad-201409221321.html

[138] http://www.elmundo.es/economia/2014/10/14/543c275022601d40498b457a.html

[139] http://www.abc.es/economia/20140914/abci-liquidez-extra-comunidades-autonomas-201409141339.html

[140] http://ccaa.elpais.com/ccaa/2014/08/17/catalunya/1408308652_910298.html

[141] http://www.abc.es/espana/20140819/abci-soberanismo-consulta-piensa-elecciones-201408182234.html

51. Cataluña dejará de recibir subvenciones de la UE

Obviamente, al dejar de ser parte de la Unión Europea, Cataluña dejará de recibir subvenciones de la UE. Es más, incluso aunque se plantease, España (como uno de los países que contribuye al presupuesto de la UE) debería oponerse a que su dinero se gaste en cualquier obra (corredor mediterráneo u otros) que beneficie a Cataluña, a menos que el beneficio para España fuese muchísimo mayor. Ahora bien, las subvenciones agrícolas y similares obviamente desaparecerán.

Por ejemplo, según datos de la Consejería de Economía y Conocimiento de la Generalitat, 3.766 universitarios catalanes obtuvieron una beca Erasmus en el curso 2011-12, un número que ascendió a los 4.032 el año anterior. Obviamente estas becas desaparecerían con la secesión.

También desaparecerían las ayudas que la UE a las pequeñas y medianas empresas a través de subvenciones, préstamos y programas y servicios de apoyo empresarial. Dado que el 90% de las empresas de Cataluña son PYMES, este efecto se haría notar claramente en el tejido empresarial.

La agricultura también recibe anualmente nada menos que 430 millones de euros en subvenciones europeas. Teniendo en cuenta que la renta agraria catalana es de unos 1.700 millones, estamos hablando de algo más del 25% de la renta agraria catalana que desaparecería de un plumazo.

Vamos, que cuando hablamos de subvenciones de la UE no estamos hablando de cifras menores. Entre 2007 y 2010, Cataluña recibió la friolera de 7.000 millones de euros en subvenciones europeas destinadas a España.[142] La buena noticia (para España) es que esas subvenciones (que se entregan por país) probablemente se mantendrían durante algún tiempo, pero al no estar Cataluña en España también se repartirían entre menos gente. La mala noticia para Cataluña es que no verían ni un euro.

---

[142] http://www.elmundo.es/elmundo/2012/11/11/barcelona/1352631431.html

52. España detendrá todas las inversiones en curso en Cataluña en cuanto se inicie el proceso

Las inversiones las realizan el conjunto de los españoles. No es lógico que estos paguen por unas inversiones en unas infraestructuras que pueden terminar en un país extranjero. Por supuesto, si al final Cataluña permanece en España, esas inversiones se reanudarían.

Eso sí, el proceso (reforma de la constitución votación, etc.) no será rápido. Llevará al menos dos años. Durante ese tiempo Cataluña no recibirá ninguna inversión en infraestructuras, y mucho menos existiendo la incógnita de si siquiera asumirán su parte de la deuda común (ver capítulo 12). Pero aunque se vuelvan a retomar las inversiones en curso en Cataluña si decide seguir en España, ello no significa que recuperará las inversiones adicionales que podría haber obtenido durante estos dos años. Ese dinero ya se habrá gastado en otras regiones. Si ello supone un perjuicio para la economía catalana, pues que no hubiesen organizado este lío.

53. Los bancos españoles no prestarán en Cataluña, aunque la dejen sin liquidez.

Hay que tener en cuenta que según el Instituto de Macroeconomía y Finanzas (IMF) de la UCJC, los depósitos catalanes sólo financian el 55% de los créditos que se conceden en la región.[143]

De hecho, en Cataluña se ha otorgado el 19,06% de los créditos concedidos en España (339.565 millones de euros) y se han aportado el 16,21% de los depósitos (187.336 millones). Una simple resta muestra que una Cataluña independiente tendría por lo tanto una falta de liquidez (sólo con lo que actualmente prestan los bancos españoles) de 152.229 millones de euros.

La pregunta obvia es que por qué los bancos españoles iban a dejar de prestar en Cataluña. La manifiesta enemistad de una Cataluña independiente a todo lo español (y por lo tanto también a sus inversiones) significa que la seguridad jurídica de esos préstamos se podría cuestionar por parte del nuevo estado. Es decir, que existiría la posibilidad clara de que el estado catalán confiscase o declarase nulos esos préstamos, a fin de no tener que devolverlos.

Ojo, que exista el riesgo no significa que vaya a hacerlo, pero ello implica que los bancos tendrían que aumentar sus previsiones de riesgo frente a posibles impagos, lo que obviamente encarecería sus operaciones.

Estos préstamos que los bancos españoles hacen actualmente en Cataluña se derivarían muy probablemente al resto de España. Ello significaría inyectar 152.229 millones de inversión en la economía española, lo que obviamente sería una ventaja.

---

[143] http://www.elmundo.es/elmundo/2012/12/09/economia/1355010153.html

54. Los bancos catalanes no podrán acceder al fondo de liquidez del Banco Europeo o apelar al Banco de España o al FROB español

Tal y como se ha señalado en el capítulo 53, los depósitos catalanes sólo financian el 55% de los créditos que se conceden en la región. En esas circunstancias, y si los bancos españoles no conceden créditos, ¿de dónde sacarán los bancos catalanes los fondos para poder operar?

Obviamente, los bancos catalanes no podrán apelar al Banco de España, como hacen hoy día, puesto que el Banco de España no puede conceder préstamos a bancos fuera del territorio nacional.

Por otra parte, una vez que Cataluña sea independiente, obviamente los bancos catalanes no podrán acceder a los fondos del Banco Central Europeo, tal y como ha dicho el gobernador del Banco de España[144,145] y se reconoce **incluso** en el Libro Blanco de Cataluña preparado por el Consejo Asesor para la Transición Nacional (CATN).[146] Es decir, que las dos grandes fuentes de liquidez que tienen los bancos catalanes al día de hoy se secarán de un día para otro.

Dado que donde no hay no se puede sacar, la opción obvia es pedir prestado en el mercado internacional. Ahora bien, si los bonos de Cataluña —incluso con la cobertura del estado español— están categorizados como BBB- o peor y después de la independencia estarán como bono basura (véase capítulo 10), la confianza internacional en los bancos catalanes se verá muy mermada y en el mejor de los casos podrán recibir préstamos a intereses altísimos debido al riesgo financiero que supondrán. La lógica consecuencia es que los préstamos a empresas y particulares se encarecerán de forma espectacular.

---

[144] http://www.elmundo.es/economia/2014/10/01/542c503ae2704e9d458b4581.html

[145] http://politica.elpais.com/politica/2014/10/01/actualidad/1412200192_402579.html

[146] http://www.abc.es/espana/20140930/abci-asesores-generalitat-201409292155.html

Una alternativa podría ser reducir el crédito a lo que la nueva nación pueda financiar ella misma, es decir, a ese 55% que cubren los depósitos. Desgraciadamente (para los catalanes) esta restricción del crédito afectará seriamente a la economía, de la misma manera que la falta de crédito durante la crisis ha afectado a la economía española.

Por otra parte, teniendo en cuenta la previsible fuga de depósitos en caso de independencia (véase el capítulo 56), es bastante previsible que, al bajar el nivel de depósitos, también bajará aún más el crédito, poniendo en riesgo a las empresas, que no podrán financiar sus operaciones.

Hay que considerar, asimismo, que los grandes bancos catalanes (Caixabank y Sabadell) ya están preparando el trasladar su sede a España[147] en caso de que la secesión tenga lugar, puesto que el 70% de su negocio está allí. De hecho, ambos disponen al día de hoy de la infraestructura adecuada para realizar ese movimiento de forma rápida en caso de ser necesario.[148]

Dado que el flujo internacional de capitales entre un banco y sus sucursales en otro país está limitado, en caso de secesión no podrán financiar el crédito en Cataluña con los depósitos que tengan en España, como hacen ahora. Entre otras cosas, porque al estar la capacidad crediticia de Cataluña tan mal valorada por las agencias de "rating", estos bancos tendrían que hacer extensas provisiones contra una potencial insolvencia, conforme a las reglas establecidas al día de hoy (para todos los bancos) por parte del Banco de España. Es decir, que sólo podrían prestar a unos intereses altísimos, al igual que el resto de la banca internacional.

Una posibilidad —suponiendo que Cataluña tuviese su propia moneda y no se atase al euro, tal y como se discute en el capítulo 38— sería que el nuevo estado consiguiese esa liquidez en base a imprimir billetes. El inconveniente es que esta es una medida alta-

---

[147] http://www.elmundo.es/economia/2014/09/23/5420b8ed268e3e185a8b4572.html

[148] https://www.capitalmadrid.com/2014/9/29/35421/caixabank-y-banco-sabadell-cuentan-con-la-infraestructura-necesaria-para-trasladar-su-sede-a-madrid.html

mente inflacionaria que, llevada al extremo, puede que termine como la república alemana de Weimar, donde un billete de tranvía valía millones de marcos alemanes.

55. España no garantizará los depósitos de los bancos en Cataluña, ni siquiera si son españoles

Actualmente, los depósitos europeos están garantizados hasta un máximo de 100.000€. En España, esos depósitos están garantizados por un fondo al que contribuyen todos los bancos españoles y gestionados por el Banco de España. Dado que los bancos catalanes no cotizarán a este fondo y estarán localizados en otro país, los depósitos en bancos catalanes ni nos van ni nos vienen en caso de independencia.

En cuanto a los bancos españoles que operen en Cataluña, deberán cotizar a un fondo similar que deberá establecer el gobierno catalán para poder operar allí, de la misma forma que los bancos catalanes que quieran operar en España deberán cotizar aquí. Si ese fondo catalán es o no suficiente en caso de quiebra de un banco catalán o una sucursal catalana de un banco español no es problema del contribuyente español. Si Cataluña no establece ese fondo, o es insuficiente, y los ahorradores pierden su dinero, pues será el gobierno catalán el que tenga que lidiar con el problema.

Recordemos que los bancos y cajas **catalanes** necesitaron un rescate de 9.300 millones del Fondo de Reestructuración Ordenada Bancaria (FROB) en el año 2013, (que se suman a los 5.400 del año 2012). Es decir, 14.700 millones de euros en dos años. ¿Qué harán cuando el FROB español ya no esté disponible? ¿Pondrá **cada** catalán (bebés incluidos) 2.500€ de su bolsillo para pagar un rescate equivalente?

56. España no evitará que los fondos catalanes se fuguen a España ni revelará sus titulares

El total de los depósitos bancarios en Cataluña alcanza los 187.336 millones de euros, el 101% del PIB catalán, una tasa de ahorro considerable. Es de prever que, en caso de independencia, una parte muy significativa de esos fondos se muevan a bancos españoles, para protegerse de la incertidumbre. El ejemplo del "corralito" que hubo en Argentina le pondrá los pelos de punta a cualquiera que tenga dinero disponible. Como señala Expansión,[149] los catalanes *"retirarían rápidamente sus depósitos en euros y los pondrían en una cuenta en otros países como España, Andorra o Francia"*.

Es bien sabido que el dinero es miedoso, y ya veremos cuántas sociedades y particulares están dispuestas a arriesgar su dinero en un estado cuya aventura puede salir mal. La historia reciente demuestra que cuando a un empresario catalán tiene que elegir entre la patria o el dinero, elige lo segundo. El caso Spanair, cuya falta de viabilidad provocó una estampida de los empresarios que debían financiar la aerolínea catalana, es un claro ejemplo.

De hecho, el Instituto de Macroeconomía y Finanzas (IMF) de la Universidad Camilo José Cela (UCJC) advirtió de que una hipotética independencia de Cataluña tendría unos *"efectos muy adversos"*[150] para su sistema financiero, que irían desde la fuga de depósitos de las entidades catalanas hasta la imposibilidad de financiarse en los mercados de capitales y la suspensión de pagos o la **quiebra**.[151,152]

Como explica el informe en cuestión, habría una fuga de capitales en el resto de España que afectaría especialmente a Caixabanc y Sabadell y que **"no podría ser contrarrestado por el**

[149] http://www.expansion.com/2014/09/29/economia/1412020359.html

[150] http://www.abc.es/economia/20121209/abci-independencia-catalunia-entidades-financieras-201212091234.html

[151] http://www.vozbcn.com/tag/instituto-de-macroeconomia-y-finanzas/

[152] http://www.abc.es/espana/20140906/abci-coste-independencia-201409061353_2.html

flujo contrario que podría producirse en Cataluña, como consecuencia fundamentalmente de la confianza en las grandes entidades Santander o BBVA"[153]. Es decir, que los propios catalanes no se fiarán un pelo de las entidades catalanas y preferirán las entidades españolas para guardar su dinero. "La pela es la pela", y del nacionalismo no se come.

España, por supuesto, no moverá un dedo para evitarlo. De hecho, a los españoles nos vendrá bien que el dinero catalán huya a España; nos compensará en parte los perjuicios que la secesión nos causará.

Obviamente, España no revelará bajo ningún concepto qué catalanes tienen cuentas bancarias o depósitos en España. Aparte de estar protegido por el secreto bancario, no existirá (al menos inicialmente) un tratado entre Cataluña y España que permita intercambiar esa información o evitar la doble imposición. Y a decir verdad a España no le convendrá nada ese tratado si con ello puede conseguir que una jugosa parte de esos 187.336 millones se inviertan en nuestro país. ¿Qué eso dañará enormemente la inversión en Cataluña? Bueno, ¿y qué nos importará a los españoles que perjudique a un país extranjero si ello nos beneficia?

---

[153] http://www.elmundo.es/elmundo/2012/12/09/economia/1355010153.html

57. Los catalanes tendrán que pagar tarifas de transferencias internacionales para enviar el dinero fuera (o traérselo)

En el momento que Cataluña sea independiente, tal y como se ha indicado en el capítulo 20, estará fuera de la Unión Europea, y por lo tanto fuera de la libre circulación de bienes, servicios y capitales, como ya se ha descrito anteriormente. En consecuencia, no se aplicarán las reglas que rigen en la Unión Europea, donde una transferencia entre dos países dentro del Espacio Económico Europeo se considera (y cuesta por lo tanto como si fuera) una transferencia nacional. Eso quiere decir que si un catalán envía dinero al extranjero (aunque sea Valencia, o Aragón), se le cobrarán tarifas de transferencias internacionales. También a quien quiera enviar dinero a Cataluña.

Aunque supongo que, siendo Cataluña un país tan canijo, más de uno cruzará la frontera para ir a un banco español, que no le cobrará esas tarifas... con lo que esto incentivará aún más la fuga de capitales de la que hemos hablado en el capítulo anterior.

58. Los bancos catalanes que quieran operar en España tendrán que cumplir toda la legislación española que se exige a los bancos extranjeros.

Nada de privilegios. Si no son españoles son extranjeros, y no debe distorsionarse la competencia. Aparte de que Bruselas pondría el grito en el cielo ante unos potenciales privilegios, no hay razón alguna de facilitarle nada a quien no quiere estar con nosotros.

Algunos bancos catalanes (por ejemplo, Caixabank) ya han modificado sus estatutos[154,155] para poder trasladar su sede a España en caso de separación. En ese caso, al tener la sede en España, sería un banco español y no catalán. Lo contrario sería ruinoso, puesto que el 70% de su negocio está fuera de Cataluña. Esto incluso está siendo informado por los analistas extranjeros que aconsejan la inversión en estos bancos y que están exigiendo estas medidas a los que no tienen aún preparado ese traslado.[156,157]

Pero aquellos bancos que tengan su sede en Cataluña serán considerados bancos catalanes y tratados como cualquier otro banco extranjero. Si es que sobreviven, claro. No hay que descartar una retirada inmediata de fondos por parte de todos los españoles como represalia o porque que no se fíen que Cataluña no intente confiscar sus cuentas, con lo que los bancos catalanes tendrán de pronto un enorme problema de liquidez, sin que el Banco de España haga nada para remediarlo. Si a eso añadimos la previsible fuga de capitales (ver capítulo 56), ya veremos si hay algún banco catalán que sobrevive sin una intervención masiva por parte del gobierno catalán.

---

[154]
  http://www.caixabank.com/deployedfiles/caixabank/Estaticos/PDFs/Informacion_a
  ccionistas_inversores/Gobierno_corporativo/Estatutos_CaixaBank_040414_es.pdf

[155] http://www.elmundo.es/espana/2014/04/27/535c4701268e3e89088b4585.html

[156] http://www.publico.es/dinero/545899/ubs-cree-que-caixabank-y-el-sabadell-podrian-
  cambiar-su-sede-si-catalunya-se-independiza

[157] http://www.negocios.com/noticias/ubs-afirma-los-bancos-catalanes-irian-cataluna-
  23092014-0915

59. España acogerá con los brazos abiertos a las empresas catalanas que se quieran ir de Cataluña

El presidente del grupo Planeta, José Manuel Lara, ya dijo hace algo más de un año que si Cataluña rompe con España «Planeta se tendrá que ir».[158,159] Es lógico: La mayor parte de su negocio está en el resto de España. Cerrarse al mercado español quedándose en un país pequeño sin acceso a la Unión Europea es un suicidio empresarial.

Pero no es el único: 60 empresarios alemanes suscribieron la Declaración de Barcelona contra la independencia diciendo que sería nefasta para Cataluña,[160,161,162] a la que se sumaron otros 200 empresarios catalanes.[163] De hecho, empresas tan importantes como Volkswagen-Audi ya han anunciado que se irán de Cataluña y se moverían a Madrid en caso de una hipotética secesión.[164] Compañías tan significativas como Nissan, SEAT, Nestlé, Danone, Lidl o Sony, con plantas en la comunidad autónoma, se verían afectadas por la entrada en vigor de unos aranceles para las exportaciones, o el uso de una moneda distinta al euro, en caso de una separación de Cataluña del resto de España. Para ver el impacto que ello supondría, hay que considerar que sólo SEAT contribuye al 1,2%

---

158 http://www.elperiodico.com/es/noticias/politica/lara-catalunya-independiente-grupo-planeta-irse-2214249

159

http://www.diariodesevilla.es/article/ocio/1362943/lara/asegura/planeta/se/iria/cataluna/si/esta/fuera/independiente.html

160 http://www.lavanguardia.com/economia/20140211/54401048398/directivos-alemanes-independencia-nefasta-catalunya.html

161 http://www.elperiodico.com/es/noticias/economia/empresarios-alemanes-alertan-independencia-seria-nefasta-para-catalunya-3092214

162 http://www.elmundo.es/cataluna/2014/02/11/52fa13c922601db6018b4572.html

163 http://www.elconfidencialdigital.com/politica/empresarios-manifiesto-ejecutivos-independencia-Cataluna_0_2220377960.html

164 http://www.lavozlibre.com/noticias/ampliar/653462/volkswagen-audi-abandonaria-cataluna-en-caso-de-secesion

del PIB catalán y supone un 5,1% de la ocupación industrial según el Instituto de Estadística de Cataluña.[165]

Incluso una revista tan prestigiosa como *Die Zeit*[166] reporta que muchos empresarios optarán por marcharse. *"Hemos venido para un mercado de 40 millones de españoles, no para 7 millones de catalanes."* dicen en el artículo. Con más de 5.000 empresas internacionales, de las cuales unas 900 alemanas, la economía recibiría un duro golpe si éstas decidiesen trasladarse a España o Francia ante la pérdida del mercado español y europeo debido al efecto frontera y los aranceles de importación que ya hemos mencionado. Perder un mercado como España (40 millones de habitantes después de la separación) e incluso la Unión Europea (más de 500 millones de personas[167]) y quedarse limitado a sólo 7,5 millones de clientes es asegurarse la bancarrota.

Si alguien piensa que esto es catastrofismo, recordemos que, sólo ante la amenaza de secesión, la inversión extranjera ha caído un 45% en Cataluña durante el año 2014, y en cambio Madrid ha recibido **cuatro veces** más inversión extranjera que Cataluña en el mismo periodo, a pesar de que el peso económico y el PIB entre ambas regiones es similar.[168] ¿Acaso alguien piensa que las empresas se van a quedar por amor a Cataluña en vez de por amor al dinero que puedan ganar?

Según se explica en el capítulo 39, esta deslocalización supondrá una pérdida de exportaciones significativa para Cataluña, probablemente del orden de los 100.000 millones de euros. No todo vendrá a España, por supuesto, pero sí es razonable suponer que al menos un 50% vendrá a instalarse en nuestro país, lo que le vendrá muy bien a nuestra balanza de pagos.

---

[165] http://www.eleconomista.es/interstitial/volver/ibcarago/empresas-finanzas/noticias/241238/07/07/Seat-genera-un-12-del-PIB-de-Cataluna-y-un-51-del-empleo-industrial.html

[166] http://www.zeit.de/wirtschaft/2014-06/katalonien-spanien-krise-unabhaengigkeit

[167] http://es.wikipedia.org/wiki/Demograf%C3%ADa_de_la_Uni%C3%B3n_Europea

[168] http://www.abc.es/catalunya/politica/20150108/abci-inversion-extranjera-cataluna-pleno-201501081301.html

España, por supuesto, estaría encantada de recibir a estas empresas dado que rebajaría significativamente su tasa de paro. Lo malo es que esos puestos de trabajo creados en España se perderían en Cataluña y los ingresos fiscales también se irán de allí. La ciudad que probablemente más se beneficie de estos movimientos será precisamente la por los nacionalistas tan odiada Madrid. Que es precisamente lo que ha ocurrido con las inversiones en 2014.

60. Las empresas catalanas que quieran operar en España deberán tener una sede española y pagar los correspondientes impuestos.

Una cosa es que las empresas catalanas quieran exportar productos en España, y otra que quieran operar en España. En el primer caso deberán pagar los respectivos aranceles, tal y como se explica en el capítulo 35. Si es lo segundo, deberán tener una sede en España y pagar los correspondientes impuestos, al igual que hacen todas las demás empresas extranjeras. Si eso aumenta sus costes, tanto peor para ellas. De nuevo, nada de privilegios.

Esto, que es de cajón, presenta sin embargo un impacto fiscal interesante: El negocio de las empresas catalanas en España aumentará los ingresos fiscales en este país. En cambio, reducirá los ingresos fiscales de la Hacienda catalana. Recordemos que al día de hoy todos los ingresos de las empresas catalanas tributan en Cataluña, incluyendo el IVA.

Hay que tener en cuenta que sólo del supuesto "déficit fiscal" de 16.000 millones de euros que según los nacionalistas tiene Cataluña, nada menos que 10.000 millones de euros se corresponden a IVA pagado no por los catalanes sino por españoles en otras regiones porque el *"objeto de imputación está en Cataluña"*.[169] Y es que como han indicado reputados economistas, ese supuesto "déficit fiscal" está basado en datos manipulados[170,171] falsificando descaradamente las balanzas fiscales.[172] Es obvio que ese supuesto déficit se va a "esfumar" con la independencia, pero además decenas de miles de millones de euros de IVA que actualmente van a Cataluña se van a quedar en España.

---

[169] http://www.eleconomista.es/espana/noticias/5142134/09/13/La-independencia-perjudicaria-el-nivel-de-vida-de-los-catalanes-actuales.html

[170] http://www.libremercado.com/2013-05-23/cataluna-maquilla-la-balanza-fiscal-para-justificar-su-espana-nos-roba-1276490899/

[171] http://ccaa.elpais.com/ccaa/2013/05/22/catalunya/1369253813_648653.html

[172] http://www.ieemadrid.es/home_tienda/otros/la-cuestion-catalana-ii-balanzas-fiscales-y-trata.html

A esto hay que añadir que las empresas catalanas que operen en España deberán declarar aquí sus beneficios, y pagar el correspondiente impuesto de sociedades.

61. España no cederá datos personales a Cataluña

Recaudar y entregar esos datos pude suponer muchísimo dinero para España. Esa entrega puede asimismo infringir varias leyes españolas, como la Ley de Protección de Datos. Además, ¿para qué tenemos que ayudar a un nuevo estado que nace con manifiesta hostilidad hacia nuestro país?

Si debido a ellos Cataluña no puede recaudar impuestos, pagar nóminas o siquiera realizar un censo, pues se siente. Que se busquen la vida. De hecho los nacionalistas son tan conscientes de que España no estaría por la labor de ayudar, que la ANC está ya pidiendo a las empresas y ciudadanos catalanes que cedan sus datos a la agencia tributaria catalana[173]. Yo personalmente sospecho que muchísimos catalanes van a mirar al techo y silbar si con ello se pueden ahorrar impuestos. Obviamente ello puede agravar el problema presupuestario que se les va a venir encima en cuanto se independicen, pero ellos se lo están buscando.

En un artículo en El País[174] dos economistas de prestigio dicen que *"si suponemos que la recaudación en Cataluña de la Agencia Tributaria se reduce en un 5% tras su desmembramiento y que la de la Seguridad Social lo hace en un 1% por el mismo motivo, a la cifra anterior (pérdida de 6.435 millones por pérdida de economía de escalas) hay que añadirle 1.740 millones en concepto de menores ingresos achacables a la pérdida de eficacia de los principales organismos recaudadores."* Personalmente me parece muy optimista suponer una pérdida de sólo 5% y del 1% respectivamente si España no entrega esos datos. No es nada inconcebible que —al menos los primeros años, hasta que logren atajar el fraude fiscal— esa cifra sea al menos el quíntuple, es decir, 8.700 millones de euros.

---

[173] http://www.abc.es/catalunya/politica/20140527/abci-campaa-para-datos-fiscales-201405271334.html

[174] http://elpais.com/elpais/2012/09/20/opinion/1348156114_428389.html

62. España bloqueará el Corredor Mediterráneo

Seamos claros: El Corredor Mediterráneo es una iniciativa europea, financiada por la Unión Europea, y es el Gobierno español el que, por primera vez, ha presupuestado ese proyecto y que lo ha defendido ante el Parlamento Europeo las inversiones correspondientes.

Si Cataluña se convierte en un tercer país para España y la Unión Europea —cuando no un país hostil para España—, obviamente no es lógico que se vaya a poner un euro en esa iniciativa. La conexión con Europa se puede hacer por otros sitios, por ejemplo, redirigiendo ese corredor a partir de Valencia hacia Aragón. Por supuesto que saldrá más caro, pero no hay por qué beneficiar a un país que ni nos va ni nos viene, y menos por la cara.

El efecto sobre Cataluña obviamente también será significativo. Tengamos en cuenta que todas las mercancías y todo el tráfico que pasa por Cataluña en la actualidad dejan allí un montón de dinero. Por ejemplo, el puerto de Barcelona tiene un enorme tráfico de mercancías dirigidas a otras regiones españolas. Lo lógico es que España redirigiese ese tráfico al puerto de Valencia y lo redistribuyese desde allí, atrayendo esa riqueza a una zona que siguiese siendo española.

Por otra parte, los nacionalistas ya han dejado claro que intentarán chantajear a España bloqueando sus accesos a Francia a través de su territorio si no apoya su ingreso en la Unión Europea. Es decir, que urge buscar alternativas ante un estado hostil que estará dispuesto a bloquear nuestros flujos comerciales. Y sería el colmo que encima paguemos para que luego nos chantajeen con lo que hemos pagado nosotros.

Eso sí, es lógico que si nos bloquean nuestros accesos terrestres a Francia, tendremos el mismo derecho a bloquear su tráfico terrestre, marítimo y aéreo hacia Barcelona. Después de todo, tal y como se explica en el capítulo 19, las aguas territoriales catalanas estarán encajonadas, al igual que su espacio aéreo. Si ellos no permiten pasar a nuestros camiones, mucho menos vamos a dejar nosotros pasar a sus barcos por nuestras aguas y sus aviones por nuestros cielos. Y la Armada de papel en la que piensan gastarse como mil y pico millones de euros más vale que se quede en el puerto de Barcelona y no busque problemas, puesto que la Marina española seguirá teniendo doce veces más efectivos (25.000) que la que planea la ANC (2.000), amén de barcos de guerra de verdad.

63. España no apoyará a Cataluña ante una falta de liquidez/posible quiebra y se opondrá a una ayuda de la Unión Europea.

Hay que considerar también que esta nueva nación sería un país de serio riesgo desde el punto de vista económico. Por los capítulos 10, 11, 12, 23, 35, 36, 37, 38, 39, 50, 51, 53, 54, 55 y 56 vemos que hay muchos riesgos de que la nación catalana se quede sin liquidez y probablemente llegue a la quiebra, tal y como han advertido muchos economistas. Recordemos que, tal y como se ha señalado en el capítulo 10, los bonos catalanes ya están al día de hoy casi al nivel del bono basura y las agencias de calificación ya han anunciado que bajarán aún más en caso de independencia.

Aparte de los que los flujos financieros a Cataluña se verían seriamente mermados, tal y como se señala en los capítulos mencionados arriba, la incertidumbre del proceso independentista minaría la capacidad de sustituir a corto plazo esos fondos en los mercados de capitales. El flujo de fondos del resto de España también dejaría de ser una fuente estable de financiación como parece serlo ahora. Es decir, habría una falta de liquidez brutal para empresas y particulares.

Los nacionalistas proclaman que a una Cataluña independiente *"los mercados financieros se pegarían por prestarle dinero"*. No es cierto, como se ha visto en país tras país "separado", desde Yugoslavia a la antigua URSS. O tienes materias primas en abundancia o el crédito se evapora hasta que se tengan años de experiencia como estado independiente.[175] De hecho, cuando Arthur Mas presentó los bonos catalanes en Londres, un banquero británico le dijo claramente que una Cataluña independiente tendría el mismo crédito que Andorra.

Obviamente, esta falta de financiación supondrá también una importante caída de la actividad económica, reduciendo por lo tanto los ingresos del gobierno catalán, ya muy "tocado" por las caídas de

---

[175] http://blogs.elconfidencial.com/economia/lleno-energia/2012/09/01/el-rescate-catalan-el-bono-basura-y-el-riesgo-crediticio-7370/

ingresos que se explican por ejemplo en el capítulo 39. Esta caída de la economía se traducirá obviamente en más paro, aumentando el coste de las prestaciones sociales y reduciendo aún más el presupuesto nacional. No es nada desdeñable, tal y como se han mencionado repetidas veces por múltiples economistas, que Cataluña fuese a la quiebra.

¿Qué haría España en ese caso? Pues exactamente... nada. Suficiente tendremos nosotros con nuestros propios problemas como para pagar las facturas de la locura nacionalista en otro país. Cualquier intento del gobierno de gastar dinero público en la nación catalana causaría tal furor en la opinión pública que sería una locura siquiera plantearlo.

Pero tampoco la Unión Europea acudiría al rescate, como ha hecho por ejemplo en el caso de Grecia. Cataluña, como ya se ha indicado en el capítulo 20, no pertenecería a la UE. No es lógico que la UE ayudase al rescate de un tercer país, especialmente porque sentaría un pésimo precedente de cara a otros países externos a la Unión Europea. Y lo más importante: Los fondos de la UE son aportados por los países miembros. España se vería en la obligación de vetar el uso de cualquier dinero de la UE por las mismas razones que no podría usar dinero público propio.

Obviamente, Cataluña podrá pedir ayuda al Fondo Monetario Internacional (una vez que sea miembro, véase capítulo 23) o apelar a naciones individuales. Suponiendo que lo logre (bastante dudoso), probablemente sea con condiciones draconianas y entonces echarán de menos la "tiranía española" de la que hablan los nacionalistas.

64. Conclusión

No he escrito esto para disuadir a los catalanes que se vayan de España. Al contrario, creo que los nacionalistas han podrido la situación de tal manera que lo mejor es prescindir de ellos, por mucho que pueda suponer la separación para ambas partes. Mejor amputar el miembro gangrenado. Será un duro golpe para España, pero por suerte los que se van a estrellar de verdad serán ellos.

Eso sí, quiero que los españoles también sean conscientes de que bajo ningún concepto debemos ayudar a los catalanes que decidan irse. A los que se queden como españoles, les acogeremos con los brazos abiertos. A los que se van, que se vayan con todas las consecuencias. Y si a costa de eso se estrellan, pues ellos se lo han buscado. Con un poco de suerte quizás hasta cuelguen de una farola a los que les han llevado al precipicio cuando se den cuenta de lo que les hicieron y cómo les mintieron prometiéndoles una Arcadia feliz.

Y, siendo de Madrid, votaré para que se vayan. *Aneu a fer punyetes*, señores nacionalistas.

Un español cabreado.

P.D.: Y después de la independencia, que el Barça juegue en la liga catalana, en la española será tan bienvenido como el Marrakech, por mucho que Arthur Mas diga que seguirá en la liga española[176]. Le doy un año antes de que quiebre.

---

[176] http://www.economiadigital.es/es/notices/2015/08/mas-garantiza-la-continuidad-de-telecinco-en-cataluna-y-la-del-barca-en-la-liga-75171.php